Markus Schirner

Ruten-Welten

Das große Arbeitsbuch für die Einhandrute

Schirner Verlag

Die Ratschläge in diesem Buch sind sorgfältig erwogen und geprüft. Sie bieten jedoch keinen Ersatz für kompetenten medizinischen Rat. Alle Angaben in diesem Buch erfolgen daher ohne Gewährleistung oder Garantie seitens des Autors oder des Verlages. Eine Haftung des Autors bzw. des Verlages und seiner Beauftragten für Personen-, Sach- und Vermögensschäden ist ausgeschlossen.

Wir verzichten auf das Einschweißen unserer Bücher – **UNSERER UMWELT ZULIEBE!**

ISBN Printausgabe: 978-3-8434-1542-2
ISBN E-Book: 978-3-8434-6532-8

Markus Schirner:
Ruten-Welten
Das große Arbeitsbuch für die Einhandrute

Umschlag: Hülya Sözer, Schirner,
unter Verwendung von # 1927770767
(© supakritleela), www.shutterstock.com
Layout: Hülya Sözer, Schirner
Lektorat: Bastian Rittinghaus, Schirner & Uta Frieling
Printed by: Ren Medien GmbH, Germany

www.schirner.com

1. Auflage März 2024

INHALT

EINLEITUNG

Mit diesem Buch halten Sie den zweiten Band der Reihe zur Radiästhesie – der Strahlenfühligkeit – in den Händen. Wie sein Vorgänger »Pendel-Welten« ist auch »Ruten-Welten« ein Praxisbuch, das Ihnen undogmatisch und anhand vieler praktischer Übungen und Anwendungsbeispiele die Arbeit mit der Einhandrute näherbringen möchte.

Die Arbeit mit der Rute blickt auf eine lange Tradition zurück, die mit dem Finden lebensnotwendigen Wassers beginnt. Und Rutengehen funktioniert – nie hätte die Technik sonst all die Jahrtausende überdauert. Heute reichen die neu erschlossenen Anwendungsgebiete von der Auswahl der geeignetsten Nahrungs- und Arzneimittel bis hin zur Erkundung der feinstofflichen Körper des Menschen oder der Energien der Erde. Wir haben gelernt (oder uns erinnert), dass der Mensch wie auch alles um ihn herum aus Schwingung besteht, aus Information. Die Einhandrute dient uns, wie das Pendel, als Instrument, um diese Frequenzen zu entschlüsseln und das Wissen abzurufen.

Die Technik ist keine Geheimwissenschaft, sondern für jede und jeden erlernbar, sofern sie oder er eine gute Portion Neugier mitbringt – und die Bereitschaft, zu trainieren! Anhand einfacher Übungen führe ich Sie in die Grundlagen der Rutenarbeit ein, aber auch als Fortgeschrittener finden Sie hier eine Vielzahl von speziellen Techniken und Anregungen für den Einsatz der Rute.

In diesem Sinne wünsche ich Ihnen eine spannende und inspirierende Entdeckungsreise in die oft unbekannten Dimensionen der alltäglichen Welt!

Ihr *MARKUS SCHIRNER*

KURZE GESCHICHTE DES RUTENGEHENS

Das Rutengehen blickt auf eine lange Geschichte zurück, die bis ins 14. Jahrtausend v. Chr. zu verfolgen ist. In ihren frühesten Formen diente die Rute entweder dem Auffinden von lebensnotwendigem Wasser und wertvollen Erzen oder der Weissagung. Abbildungen gegabelter Zweige, der ursprünglichen Gabel- oder Wünschelrute, erkennt man auf Felsbildern von der Sahara bis hin zum Kap der Guten Hoffnung. Sie finden sich als Grabbeigaben ägyptischer Pharaonen ebenso wie Pendel.

Die alten Griechen und Römer verwendeten eine Einhandrute, auch »Stab« (rhabdos) genannt, zur Weissagung (Rhabdomantie) im Tempel. Auch aus Babylon und China ist die Verwendung von Ruten, Gabeln oder Stäben bekannt. Die Wünschelrute wird in der Bibel, in keltischen Bardenliedern ebenso wie im Nibelungenlied erwähnt und ist auf jüdischen Mosaiken abgebildet. Herodot erwähnt ihre Verwendung (bei den Skythen des heutigen Südrussland) ebenso wie Cicero, Vergil und Plinius. Wurde die Rute hier neben dem Wasserfinden noch hauptsächlich zum Orakeln und Weissagen eingesetzt, so hatte sie sich bereits zu Hildegard von Bingens und Galileo Galileis Zeiten fest im Bergbau etabliert, wo sie zunehmend zum Orten von Erzvorkommen genutzt wurde. Die Kirche stand der Radiästhesie gespalten gegenüber: Der eine Teil der Priesterschaft verteufelte sie als Hexenwerk (und tut es heute noch!), der andere Teil nutzte und erforschte sie aktiv. Bis in die Neuzeit waren es neben Chemikern und Ärzten hauptsächlich Geistliche, die sich der Radiästhesie verschrieben.

Seit dem 17. Jahrhundert nahm die Zahl der Veröffentlichungen auf dem Gebiet so rasant zu, dass diese Entwicklung allein Bücher füllen kann – und es tut, hier sei z. B. auf Christopher Bird und sein Buch »Die weissagende Hand« verwiesen, in dem er die gesamte Geschichte des Rutengehens und einen Überblick über die verschiedenen Erklärungen für sein Funktionieren darstellt.

Kurz gesagt: Rutengehen wird seit Urzeiten überall auf der Welt in verschiedensten Formen praktiziert, um Informationen zu erhalten, die sich den alltäglichen Sinnen entziehen.

WARUM FUNKTIONIERT DAS EIGENTLICH?

RADIÄSTHESIE

Das Rutengehen gehört wie das Pendeln in den Bereich der Radiästhesie, der Lehre von der Strahlenwirkung oder Strahlenfühligkeit. Der Begriff ist abgeleitet von lateinisch radius, »Strahl«, und griechisch αίσθησις (aisthesis), »Sinneswahrnehmung«, bezeichnet also die Fähigkeit, Energieschwingungen und ihren Effekt auf den Organismus zu spüren. Als Strahlung wird dabei jegliche räumliche Ausbreitung von Energie verstanden, wobei alle Materie auf ihrer individuellen Wellenlänge strahlt und ihre eigene positive wie negative Auswirkung auf die Umwelt hat.

Alles ist miteinander verbunden.
Wir sind ein fließender Strom
aus Energie. Wir hinterlassen
energetische Abdrücke.
(Jeanne Ruland)

FORMEN VON STRAHLUNG

Terrestrische Strahlung ist aus der Erde und der Atmosphäre kommende, natürliche Strahlung. Sie ist energiereich, gesund und in ihrer Intensität abhängig u. a. vom Wetter und der Tageszeit. Zur terrestrischen Strahlung gehört auch die Strahlung, die von radioaktiven Gesteinen im Boden ausgeht.
Erdstrahlung sind niederfrequente und unter Umständen gesundheitsschädliche Strahlen, die aus Bereichen der Erde kommen, die Wasser-, Naturgasadern oder Verwerfungen aufweisen (»Reizzonen«).
Bioenergie ist kosmische Energie, die vom Körper aufgenommen und in den Chakras verdichtet wird (auch: Chi, Prana, Od). Die in einem Körper gebundene bzw. vorhandene Energie kann auch häufig benutzten Objekten anhaften.
Kosmische Strahlung ist energiereiche und somit gesundheitsförderliche Strahlung, die aus dem Weltall auf die Erde trifft. Sie stellt das Gegenstück zur terrestrischen Strahlung dar und geht von der Sonne, der Milchstraße und fernen Galaxien aus. Zur kosmischen Strahlung gehören UV- und Röntgenstrahlung, Sonnenwinde, Infrarot-, Hochfrequenzstrahlung und niederfrequente Wellenstrahlung.
Technische Strahlung geht von elektrostatischen und elektromagnetischen Feldern aus, u. a. von Kunststoffen und elektrischen Geräten.

Auch Lebewesen emittieren elektromagnetische Strahlung. Diese wird in ihrer Ganzheit als »Biofeld« oder »Aura« bezeichnet. In ihrer Intensität und Frequenz ist sie abhängig vom jeweiligen Gesundheitszustand, der Vitalität, den Gedankenmustern und dem Stoffwechsel des Individuums. Das bedeutet, dass Strahlungs- oder Schwingungsmuster Rückschlüsse auf den Zustand und die Eigenschaften des strahlenden Objekts oder Lebewesens zulassen.

Diese Tatsache mag erst einmal schwer zu verdauen sein. Denken wir jedoch an das Phänomen der Farbe, so wird das Konzept gleich verständlich. Sie ist nichts anderes als elektromagnetische Strahlung bestimmter Wellenlängen, die von den jeweiligen Objekten ausgeht und von den Farb- und Lichtrezeptoren im Auge detektiert und vom Gehirn (auf bisher unbekannte Weise) interpretiert wird. Wie, also mit welchen Sinnesorganen oder Rezeptoren, genau der Mensch und andere Lebewesen die nicht sichtbaren Strahlungen wahrnehmen, ist (noch) nicht bekannt. Dass wir sie wahrnehmen, steht außer Zweifel: So finden wir Ameisenhaufen über Wasseradern, aber Storchennester nie, Vögel navigieren entlang des Magnetfelds der Erde, und viele der als übersinnlich bezeichneten Phänomene haben plötzlich eine einfache Erklärung, wenn wir nur annehmen, dass sie auf der Wahrnehmung von Schwingungen oder feinstofflichen Energien beruhen.

Wir haben vermutlich alle schon einmal erlebt, dass das Eintreten einer bestimmten Person in einen Raum die ganze Atmosphäre verändert … dass wir schlechte Laune wie eine schwarze Wolke über jemandem hängen sehen … dass wir jemanden in unserem Rücken spüren … All diese Vorkommnisse ergeben Sinn, wenn wir davon ausgehen, dass alle Lebensprozesse auf Schwingung beruhen, dass alles, was existiert, somit Schwingung ausstrahlt und wir mit dieser Ausstrahlung nicht nur ständig in Kontakt sind, sondern mit ihr interagieren und auf sie reagieren.

Jede Gestalt, jedes Wesen, alles Leben ist eine bunte Ansammlung von geometrischen Energiefeldern, die, je nach Ausrichtung, segensvoll oder verzerrt sind, sich aber mit jedem Gedanken und jeder subtilen feinstofflichen Energie wandeln.
(Jeanne Ruland)

STRAHLENFÜHLIGKEIT

Manche Menschen sind für diese Strahlungen oder Energien empfänglicher als andere. Dabei ist es egal, ob es sich um Schwingungen handelt, die von anderen Menschen ausgehen oder auf den winzigen Veränderungen des Erdmagnetfelds beruhen, die von Wasser oder Erzen hervorgerufen werden. Solche Menschen bezeichnet man in der Radiästhesie als »strahlenfühlig«. Gelegentlich geht diese Strahlenfühligkeit direkt mit der Fähigkeit einher, die Schwingungsänderungen orten und anzeigen zu können. Zumeist bedarf es dazu aber nicht nur des Trainings, sondern auch eines geeigneten Instruments: In der Radiästhesie sind dies die verschiedenen Formen der Rute und des Pendels. Ruten (oder Pendel) wirken dabei als Zeiger, die die Wahrnehmungen des Strahlenfühligen sichtbar machen, sowie als Verstärker, die das erhaltene Signal intensivieren.

Radiästhesie ist Resonanzgeschehen! Das Grundgesetz in der Radiästhesie ist die Resonanz, weil alles strahlt, schwingt, vibriert.
(Manfred B. Hartmann)

Es ist also nicht die Rute, die durch eine Form der Anziehung oder Resonanz auf ein bestimmtes Objekt reagiert, es ist immer der Rutengänger selbst! Indem dieser seine Intention auf die Fragestellung ausrichtet, polt er sein Unterbewusstsein auf die Schwingung des zu untersuchenden oder zu findenden Objekts und geht damit in Resonanz. Aus diesem Mitschwingen resultieren winzige unbewusste Bewegungsabläufe oder Muskelzuckungen, die wiederum die Rute in Bewegung versetzen. Wir benutzen also unseren Körper, unser Unterbewusstsein, um eine Verbindung zu einem Energie- oder Informationsfeld aufzubauen und darauf zu reagieren, und ein Instrument, um diese Reaktion sichtbar zu machen. Die eigentliche Antwort finden wir in uns selbst.

Leider sind in diesen Prozess Fehlerquellen eingebaut. So besagt der Carpenter-Effekt, dass das Beobachten eines bestimmten Bewegungsablaufs (oder auch nur das Denken an diesen) die Tendenz nach sich zieht, diese Bewegung selbst auszuführen. Das bedeutet, dass unsere Vorstellungskraft, die von unseren Gedanken und Emotionen beeinflusst wird, unwillkürliche Regungen hervorruft. Das macht verständlich, wieso Menschen mit einem ruhigen Naturell und einem hohen Maß an Konzentrationsfähigkeit und Disziplin das Erlernen des Rutengehens am leichtesten fällt und sie die besten Resultate erzielen, während Menschen, die empfänglich für Leistungsdruck oder für Wunschdenken sind, eher einmal zu falschen Ergebnissen kommen.

ALLES SCHWINGT

Alle Materie besteht aus Atomen, alle Atome bestehen auf unterster Ebene aus Energie bzw. Schwingungen. Sie sind in stetem Fluss. Ein Atom mag einige Hundert Jahre »Meer« gewesen sein, bis es verdunstete, einige Tage Teil einer Wolke war und schließlich abregnete und dann aus einer Quelle getrunken wurde. Seitdem ist das Atom »ich« (oder »meine Katze«), obwohl es wissenschaftlich betrachtet immer noch nichts anderes ist als ein Atom ohne Bewusstsein. Aber nicht nur das einzelne Atom erneuert sich, mit ihm sind die Moleküle, die Zellen im Fluss, alles ändert sich ständig und bleibt trotzdem »ich«.

Wenn wir also über Energieschwingungen in ständigem Austausch mit unserer Umwelt stehen – mal ganz abgesehen von der gemeinsamen Sprache und evolutionären Erinnerung, die wir als DNS mit allen Lebewesen teilen –, warum sollte mit dieser Energie nicht auch Wissen ausgetauscht werden? Wieso sollte man über die gemeinsame Schwingung nicht Informationen über alles und jeden erhalten können?

Jedes Atom schwingt, unsere Grundbausteine sind Energie, also schwingt und strahlt der Körper als Ganzes ebenso und besitzt eine für sensitive Menschen wahrnehmbare Energiewolke.

Und wenn nicht nur wir als Lebewesen schwingen, sondern alles schwingt, und wenn durch uns Energie fließt, dann fließt diese Energie auf ähnliche Art und Weise durch alles – von Tieren und Pflanzen über Mineralien bis zur Erde und den anderen Planeten.

Wir nehmen Schwingungen, die Signale, die komplexe Vielfalt der Naturinformationen auf, denn wir sind selbst Teil der Natur. Unser Körper ist aus demselben Stoff gebildet. Die Atome in uns tragen die Erfahrungen aus der Entwicklung von Millionen Jahren in sich.
(Ilse Rendtorff)

Da bisher weder die meisten der genannten Formen von Strahlung noch deren Wirkung auf den Organismus oder das Phänomen der Strahlenfühligkeit wissenschaftlich bewiesen wurden, gehört die Radiästhesie in den Bereich der Para-, Pseudo- oder Grenzwissenschaften. Im Laufe der Geschichte wurden viele Versuche unternommen, die Fähigkeiten der Rutengänger wissenschaftlich zu erklären und ihr Funktionieren analog zu den Doppelblindstudien der Medizin einwandfrei nachzuweisen. Wie auch die Homöopathie entzieht sich die Radiästhesie, u.a. durch die oben erwähnte Störanfälligkeit, jedoch solch einer Überprüfung.

Wir sollten uns davon nicht verdrießen lassen. In vielen Fällen wurde das, was die Esoterik oder traditionelle Heilkunde schon lange, teilweise Jahrtausende, kennt und nutzt, in jüngster Zeit von der Schulmedizin oder Physik unter einem anderen Begriff »neu« entdeckt. Man denke an die Aura, die als Biophotonenemission respektabel wurde. Die Vorstellung, dass alles Existierende strahlt oder aus Schwingungen besteht, ist ebenfalls keine neue: Laut Bibel war am Anfang das Wort (und das Wort war Gott), und was ist ein Wort anderes als Klang – Schwingung? Noch länger verstehen Hindus die Silben des Sanskrit-Alphabets als die Urklänge, aus denen das Universum entstanden ist, und die Sprache selbst als kosmische Energie. In fast allen Kulturen gab und gibt es Heilgesänge oder Mantras, deren Schwingungen sich positiv auf den Körper und den Geist auswirken sollen. Unser Gehirn agiert auf verschiedenen Schwingungsebenen (Beta-, Alpha- und Theta-Wellen). Albert Einstein zeigte, dass Materie und Energie ineinander übergehen und letztlich identisch sind. Im Doppelspaltversuch der Quantenmechanik zeigt sich eine Strahlung je nach Beobachtung einmal als Teilchen, einmal als Welle. Diese und ähnliche Phänomene werden widergespiegelt in der physikalischen String-Theorie, in der die verschiedenen Schwingungsformen von Strings die Eigenschaften von Elementarteilchen (Tachyonen, Gluonen, Photonen) zeigen.

Mit den Sinnen können wir nur einen winzigen Ausschnitt der Wirklichkeit erfassen. Von den unzähligen elektromagnetischen Wellen z.B., die ständig um uns herum sind, macht das sichtbare Licht nur einen Bruchteil aus. Für die meisten Vorgänge, ob physikalisch oder chemisch, fehlen uns schlicht die Sensoren.

Kurz gesagt: Auch wenn die Hintergründe und die Funktion der Radiästhesie nicht mit unseren heutigen Methoden bewiesen und bestätigt werden können, bedeutet dies nicht, dass sie nicht funktioniert. Halten wir uns an die Worte von Hippokrates: »Wer heilt, hat recht.« Und was funktioniert, das können wir nutzen.

MATERIAL UND METHODEN

VERSCHIEDENE WERKZEUGE

Auch wenn es in diesem Buch um die Einhandrute geht, sollten wir uns die verschiedenen Rutenformen einmal anschauen. Sie alle haben ihre Vor- und Nachteile. Welche Sie am Ende wählen, liegt ganz an Ihrem Geschmack und dem Einsatzgebiet, für das sie gedacht ist.

Von allen Ruten ist die **Y-Rute oder Gabelrute** als klassische Wünschelrute am bekanntesten. In ihrer ältesten Form besteht sie aus einem frisch geschnittenen Zweig, traditionell von Strauchhölzern wie Weide oder Haselnuss, da diese Zweige besonders biegsam und flexibel sind, ohne zu splittern, die Bäume weit verbreitet, schnellwüchsig und ihre Äste leicht zu erreichen sind. Manchmal hat Tradition keinen tieferen Hintergrund als Bequemlichkeit. Heute sind frische Zweige nicht jedem oder ständig verfügbar, und so bestehen moderne Y-Ruten oft aus Plastik oder Kohlefaser, was den Vorteil hat, dass man dieselbe Rute lange Zeit verwenden kann, ohne dass sie durch Austrocknen spröde und unbrauchbar wird. In der Anwendung hält der Rutengänger die kurzen Enden des Y in den Händen, sodass das lange Ende nach oben oder unten ausschlagen kann.

Die **L-Ruten oder Winkelruten** bestehen aus zwei einzelnen L-förmigen Ruten, von denen eine in jeder Hand gehalten wird. Diese sind zumeist aus Metall (Messing, Kupfer, Eisen, Stahl oder Aluminium) und werden nicht selten pragmatisch aus einem Drahtkleiderbügel geschnitten. Manche Winkelruten haben hülsenartige Griffe, sodass die Drehung der Rute nicht durch die Hand behindert werden kann. In der Anwendung wird, wie gesagt, in jeder Hand eine der Ruten locker am kurzen Ende des L gehalten, etwa schulterbreit voneinander entfernt, mit den langen Schenkeln parallel zum Boden. Diese Form der Rute schlägt aus, indem die beiden Winkelruten sich voneinander weg nach außen bewegen oder nach innen und sich kreuzen. Die Winkelrute ist ein vielseitig einsetzbares Instrument, das Sie auch nutzen können, um sich eine Richtung anzeigen zu lassen, in der sich etwas Gesuchtes befindet. Dann schwingen beide Ruten parallel, bis sie in die entsprechende Richtung weisen.

Sowohl die Y- als auch die Winkelrute wird traditionell für die Arbeit im Gelände verwendet.

Die **Einhandrute**, auch »Schwingpendel« oder »Tensor«, im englischsprachigen Raum »Bobber«, also »Wipper« oder »Nicker«, genannt, besteht aus einem Griff, üblicherweise aus Holz oder Kork, in den ein dünner, elastischer Draht eingelassen ist, an dessen Ende ein kugel- oder ringförmiges Gewicht befestigt ist. Bei manchen Modellen hat ein Teil des Drahts die Form einer Spiralfeder, um die Rute noch beweglicher zu machen. Der Draht sollte nicht zu dünn sein, sonst könnte die Schwingung ihn brechen lassen, aber auch nicht zu dick, das macht ihn unflexibel und unempfindlich. Ein Tensor reagiert mit Auf-und-ab-Wippen, Hin-und-her-Schwingen oder kreisförmigen Bewegungen. Er ist weniger gut für die Anwendung im Gelände geeignet als die Y- oder Winkelrute, da er beim Laufen schwieriger ruhig zu halten ist.

Generell gilt wie für das Pendel: Je leichter die Rute ist, desto einfacher und schneller schlägt sie aus, kann also auf feinste Energieveränderungen sensibel reagieren. Je schwerer eine Rute ist, desto unsensibler, aber geländegängiger ist sie in der Praxis.

Einen Tensor können Sie einfach selbst herstellen, indem Sie aus einem dünnen Ast einen Griff schneiden (oder ein kleines Rundholz kaufen), an dem Sie einen Stahldraht befestigen, an dessen Spitze Sie wiederum ein Gewicht anbringen. Dies kann ein einfacher Gardinenring sein, eine Holzkugel oder ein Korken. Der Stahldraht sollte 20 bis 35 cm lang und so elastisch sein, dass das Gewicht ihn biegen kann.

Übrigens: Die einfachste Einhandrute besteht aus einem frischen, biegsamen Zweig, an dessen Ende einige Wäscheklammern befestigt werden.

Das **Pendel** besteht aus einer Kette, Kordel oder Schnur, an der ein Gewicht hängt. Grundsätzlich ist als Gewicht geeignet, was Sie gerade zur Hand haben: klassisch der Ehering, pragmatisch eine Schraubenmutter oder elegant ein farbiger Trommelstein. Im Handel gibt es fertige Pendel zu kaufen, die oft aus Messing bestehen und deren Gewicht eine Spitze aufweist, was bei der Verwendung von Pendeltafeln das Ablesen des Ergebnisses erleichtert. Bei ausgefalleneren Pendeln besteht das Gewicht aus verschiedenen Halbedelsteinen oder ist spiralförmig geformt. Ferner gibt es Hohlpendel, in die eine Probe der zu suchenden Substanz eingelegt oder eingefüllt werden kann, was hilft, den Geist auf das zu Findende auszurichten. Ketten werden Schnüren vorgezogen, weil sie sich weniger leicht verdrillen. Ein Pendel für den Normalgebrauch hat eine Kettenlänge von 15 bis 30 cm und ein Gewicht von ca. 20 g. Dabei gilt: Je leichter das Pendel, desto detaillierter und feiner kann gearbeitet werden. Je länger die Kette und je schwerer das Gewicht, desto schwieriger ist das Pendel zu handhaben und desto mehr Konzentration ist nötig.

Wie die Einhandrute eignen sich die meisten Pendel weniger gut für die Arbeit im Gelände. Ausnahme sind besonders große, schwere Pendel, die eigens dafür konzipiert sind.

Übrigens: Es ist auch möglich, ganz ohne Instrument zu arbeiten, nur mit dem Körper. Dabei fungiert entweder ein Arm als Pendel, die Hand oder die Finger als Rute, oder Sie nehmen wie in der Kinesiologie einen Muskeltest vor. Manche Menschen spüren Energieveränderungen auch ganz natürlich und intuitiv, ohne vorher eine Technik erlernen zu müssen.

PENDEL ODER RUTE?

Ein Pendel dient hauptsächlich der Beantwortung von Fragen, die Sie auf mentaler Ebene stellen. Die Antworten sind dabei im eigenen Bewusstsein, im eigenen oder kollektiven Unterbewusstsein zu finden.

Die Einhandrute wird dagegen eher dazu eingesetzt, Schwingungsfelder oder Energieveränderungen in der unmittelbaren Umgebung anzuzeigen oder zu untersuchen. So lassen sich Energiefelder des menschlichen Körpers, z. B. Chakras oder Meridiane, Störfelder im Haus oder der Umgebung erspüren.

Zur Beantwortung von Ja-/Nein-Fragen sind beide Instrumente gleichermaßen geeignet.

MATERIALEIGENSCHAFTEN

Metall: schwer, robust, testet gut, unempfindlich gegenüber Fremdenergien
Kristall: eher leicht, testet exakt, auch zu Therapiezwecken, lädt sich auf und muss gereinigt werden
Holz: sehr leicht, testet sehr gut, für Anfänger geeignet
Feder, vergoldet: empfindlicher für Schwingungen, reagiert mit mehr Ausschlag
Kupfer: unterstützt geistige Beweglichkeit und psychische Fähigkeiten, von Elektromagnetismus nicht beeinflusst
Messing: wird von Elektromagnetismus nicht beeinflusst
Eisen/Stahl: wird von Elektromagnetismus beeinflusst

VERSCHIEDENE MATERIALIEN

Ruten wie auch Pendel können aus einer Vielzahl von Materialien gefertigt sein. Für welche Sie sich entscheiden, liegt an der persönlichen Präferenz: Was liegt gut in der Hand, hat das richtige Gewicht, spricht Sie an?

Einhandruten gibt es mit Griffen aus verschiedenen Hölzern oder auch Steinen, denen unterschiedliche Eigenschaften zugesprochen werden, oder einem Griff aus Kork, der verhindern soll, dass die erspürten Energien in den Rutennutzer zurückfließen.

Hat die Einhandrute einen Edelstein oder Halbedelstein als Gewicht (oder als Griff), so ist zu beachten, dass dieser Eigenschwingungen mitbringt und Fremdenergien aufgenommen haben kann, die das Ergebnis beeinflussen. Manche Radiästheten suchen sich ihr Rutengewicht nach der Bedeutung bzw. Energie der Steine aus, also z.B. Rosenquarz für Liebesfragen, Amethyst für spirituelle oder Bergkristall für sachliche Fragen. Entsprechend verhält es sich mit Griffen aus Holz, für das die verschiedensten Baumarten zur Verfügung stehen, die der Rute jeweils eine andere Energie verleihen. Inwiefern hier das Material mit dem zu testenden Objekt in Resonanz geht oder es das Unterbewusstsein des Rutengängers ist, ist Ansichtssache.

Oftmals wird ein Instrument nur für eine spezielle Anwendung oder Fragestellung verwendet, was allein schon hilft, die Konzentration auf die jeweilige Frage zu halten. Und viele Rutengänger geben ihre Rute nicht in fremde Hände, um die Energie nicht zu verfälschen. Beides kennen wir auch von Kartenlegern und ihren Tarotdecks.

HÖLZER UND KRISTALLE

Birke: Feines, helles Holz, das universell einsetzbar ist. Assoziiert mit Geburt und Neubeginn, aber auch Reinigung.

Buche: Fein gemasertes, gut zu bearbeitendes Holz. Assoziiert mit Erwerb und Weitergabe von Wissen; geeignet, um jede Art von Information zu erfragen.

Eibe: Assoziiert mit Tod und Transformation, Vorfahren und Geistern, aber auch dem Erinnern. Als Tor zu Anderswelt ermöglicht die Eibe, auf anderen Ebenen liegende Informationen zu erhalten.

Eiche: Langsam wachsendes, hartes und schweres Holz. Der Baum der Druiden, Sonnen- und Donnergötter, assoziiert mit Stärke, Mut und Schutz; geeignet zum Finden von Bodenschätzen.

Hasel: Helles Holz, das sich gut schnitzen lässt. Assoziiert mit Weisheit, Inspiration, Kreativität; geeignet zum Finden von Wasser und Bodenschätzen, zur Kommunikation mit Naturwesen und zur Erforschung der Energielinien der Erde.

Kiefer: Universell einsetzbares Holz. Assoziiert mit Heilung und Schutz, aber auch Weissagung; geeignet, um eine geistige Verbindung aufzubauen, sodass Intentionen nicht in Worte gefasst werden müssen.

Weide: Schnell wachsendes, leichtes und eher weiches Holz. Durch seine Flexibilität hält es Krafteinwirkung und auch Fremdenergien stand. Assoziiert mit Wasser, Mond und besonders Heilung; geeignet zur Ausbildung der Intuition.

Amethyst: Quarz von violetter bis lila Farbe. Hilft, in Wahrnehmung und Kommunikation klar zu bleiben, stärkt die Intuition und eignet sich besonders für spirituelle Fragen.

Aventurin: Quarz, der grün, blau oder gold-rot auftritt. Hilft, Ängste und Unsicherheiten loszulassen und eine positive Grundeinstellung zu halten, bringt ins Gleichgewicht und beruhigt.

Bergkristall: Transparenter, klarer Stein. Kann Energien verstärken, aber auch aufnehmen, fördert die Kommunikationsfähigkeit; gut geeignet zum Finden.

Jaspis: Gibt es in den verschiedensten Varietäten. Wirkt erdend, stabilisiert Energien und gleicht die Chakras aus.

Karneol: Rötlicher oder orangefarbener Stein. Hat einen Bezug zum Körper und der Körperlichkeit, vitalisiert und bringt ins Gleichgewicht; geeignet zur Manifestation aller Wünsche (sollte nicht mit selbstsüchtiger Absicht verwendet werden).

Rosenquarz: Rosa Stein der Liebe und des Mitgefühls, reduziert Nervosität und Stress, steht in Resonanz mit dem Herzchakra.

PERSÖNLICHE VORAUSSETZUNGEN

Was sind nun die Voraussetzungen, um das Rutengehen erlernen zu können und erfolgreich zu betreiben? Die gute Nachricht ist: Es gibt keine! Lesen Sie etwas ältere Literatur, dann können Sie den Eindruck gewinnen, dass eigentlich niemand – abgesehen von ein paar Auserwählten – für diese Technik geeignet ist. Lassen Sie sich von diesen Aussagen nicht abschrecken. Jeder kann das Rutengehen erlernen. Selbstverständlich bringen manche Menschen ein größeres natürliches Talent und/oder ein ausgeglicheneres, ruhigeres Naturell mit, was den Zugang erleichtert. So, wie nicht jeder Klavierschüler Konzertpianist und jeder Hobbykicker Fußballprofi wird (oder werden will), so hat nicht jeder die Veranlagung und den Drive, das Rutengehen so weit zu perfektionieren, dass es zum Hauptberuf werden kann. Entsprechend richtet sich dieses Buch zunächst an Menschen, die es für den Hausgebrauch erlernen und praktizieren möchten, um ihren Alltag mit nützlichen Erkenntnissen zu bereichern.

SIE BENÖTIGEN EINE GEWISSE SENSIBILITÄT.

Als Anfänger stellt sich zunächst die Frage, worin eigentlich die Begabung für das Rutengehen liegt, was also ein Naturtalent ausmacht. Wie bereits erwähnt, spürt man mit der Rute Veränderungen der Energie von Orten oder Personen auf, die mit den alltäglichen Sinnen (Sehen, Hören, Riechen, Tasten und Schmecken) nicht erfasst werden können. Die Begabung liegt also in der natürlichen Sensibilität oder Sensitivität für Energiezustände und -veränderungen, darin, die Botschaften der nicht alltäglichen Sinne wahrzunehmen. Die Rute zeigt durch ihren Ausschlag die Art und die Qualität der Schwingungen an.

Die sogenannte Ruten- oder Pendelfähigkeit, also zunächst das Wahrnehmen und danach das Weiterleiten des Signals an die Rute oder das Pendel, ist keine absolute und konstante Größe, sondern immer abhängig vom eigenen Gemüts- und Gesundheitszustand, der Umgebung, der Tagesform usw.

GEHEN SIE DIE RUTENARBEIT ENTSPANNT AN!

Als beste Voraussetzung für erfolgreiches Rutengehen gelten ein stabiler Gesundheitszustand, ein gutes Körpergefühl sowie ein ruhiger, klarer und offener Geist gekoppelt mit gesundem Menschenverstand. In diesem Zustand sind Sie aufnahmefähig, und die Energie kann ungehindert durch Ihren Körper geleitet werden. Im Umkehrschluss bedeutet dies, dass Sie das Rutengehen verschieben sollten, wenn Sie akut krank, sehr müde, gestresst, ängstlich, wütend oder auf sonstige Weise aus dem Gleichgewicht geraten sind. Neigen Sie dazu, vorgefasste Meinungen zu haben, sich unter Leistungsdruck zu setzen oder Selbstzweifel zu hegen, dann erschweren auch diese Haltungen die Arbeit mit der Rute. Der Grund hierfür ist einfach: Wenn Ihr Unterbewusstsein durch ungewöhnliche Empfindungen abgelenkt ist, Ihr Körper verspannt oder auch nur angespannt ist oder Ihr Geist z.B. mit dem anstehenden Jobwechsel beschäftigt ist, dann wird die Rute darauf reagieren, indem sie entweder gar nichts anzeigt, falsche oder konfuse Ergebnisse liefert. Bildlich gesprochen: Knicken wir beim Gießen den Schlauch ab, so kann das Wasser nicht fließen. Ähnliches passiert, wenn wir mit feinstofflichen Energien und Schwingungen arbeiten. Sind wir innerlich verkrampft, erzeugen wir eine Verengung im Kanal unserer feinstofflichen Wahrnehmung. Zwingen wir unsere Gedanken in eine bestimmte Richtung, dann wird die Energie ihr folgen. Die Rute schlägt nicht aus, weil kein Signal ankommt, oder reagiert auf unsere Gedanken statt auf unser Unterbewusstsein.

Es geht also nicht darum, in der Blüte der Gesundheit zu stehen, sondern vielmehr darum, dass Sie geistig und körperlich entspannt und offen sind. Glücklicherweise gibt es Übungen und Techniken, die helfen, wenn dies nicht Ihr natürlicher Grundzustand ist. Diese stelle ich Ihnen im folgenden Abschnitt vor.

ÜBEN, ÜBEN, ÜBEN!

Wenn die gute Nachricht ist, dass jeder das Rutengehen erlernen kann, so ist die schlechte, dass selbst das größte Naturtalent nicht um regelmäßiges, diszipliniertes Üben herumkommt. Mit Begabung allein ist es nicht getan. Das Ziel ist dabei nicht das Training bestimmter Muskeln oder das Erlernen einer spezifischen Technik, sondern, die eigene Wahrnehmung feinstofflicher Energien zu schärfen und zu sensibilisieren und die Reaktionen der Rute einschätzen und einordnen zu lernen. Ist die Rute der Zeiger, so sind wir das Messgerät, und um exakte Ergebnisse zu liefern, muss dieses nicht nur funktionieren, sondern kalibriert sein.

Und zu guter Letzt gibt es noch eine dritte Voraussetzung für erfolgreiche Rutenarbeit: Sie müssen an sich und an die Rute glauben!

EINSTIMMUNG

Wie Hamish Miller sagte, braucht es für das Rutengehen eine komplette Entspannung von Körper und Geist, aber gleichzeitig eine vollständige Konzentration auf die Aufgabe. Das größte Hindernis bei der Arbeit mit der Einhandrute sind wir selbst. Während wir unseren Gesundheitszustand, sollte er uns am erfolgreichen Rutengehen hindern, zumeist nicht kurzfristig verändern können, ist dies bei unserem geistigen Zustand sehr wohl möglich – und als Bonus entspannen wir so gleichzeitig den Körper.

Die ideale Grundstimmung für die Rutenarbeit ist eine Art spielerische Konzentration: Die Gedanken sind ruhig, der Geist ist neugierig, aber ohne Erwartungshaltung auf die anstehende Aufgabe oder Frage ausgerichtet. Der Körper ist locker und entspannt, sodass die Energien gut fließen können. Das Ego tritt weit in den Hintergrund.

Menschen, die in irgendeiner Form energetisch arbeiten – egal, ob mit Reiki, Familienstellen, schamanischen Reisen oder Tarotkarten –, wissen, welche Grundstimmung gemeint ist. Kreative Menschen kennen einen ganz ähnlichen Zustand: den »Flow«.

Je weiter Sie von diesem Zustand entfernt sind, desto wichtiger ist es, zu lernen, sich in diese Grundstimmung zu versetzen. Der allererste Schritt dazu sollte sein, Ablenkungen zu reduzieren. Begeben Sie sich dazu entweder in eine ruhige Umgebung, oder machen Sie den Ort, wo Sie sind, so störungsfrei wie möglich. Wählen Sie insbesondere für die ersten Versuche eine Zeit, in der keine Unterbrechungen vorprogrammiert sind, d. h., starten Sie Ihre ersten Rutenversuche nicht, wenn Sie ein Paket oder einen wichtigen Anruf erwarten oder die Kinder gleich von der Schule kommen.

Eine Umgebung, in der Sie zur Ruhe kommen und sich fokussieren können, ist die erste Voraussetzung. Dann können Sie beginnen, sich tatsächlich zu entspannen und in einen konzentrierten Zustand zu versetzen. Manchmal genügt dazu eine kurze Übung, manchmal bedarf es einer ganzen Übungsreihe. Und an manchen Tagen darf man sich auch eingestehen, dass Rutenarbeit einfach nicht möglich ist. Egal, wie stark Ihr Einstimmungsbedarf ist, es ist auf jeden Fall eine gute Idee, ein Ritual zu entwickeln, das Sie regelmäßig vor der Rutenarbeit durchführen. So konditionieren Sie sich auf den idealen Grundzustand und können ihn bald mit wenig Aufwand herstellen. Das Unterbewusstsein liebt

Routinen und Rituale. Nicht nur die Rutenarbeit, sondern Ihr gesamter Gesundheits- und Gemütszustand wird davon profitieren! Solch ein Ritual kann so einfach sein wie, ein bestimmtes Lied zu singen oder zu hören, eine spezielle Räuchermischung zu verwenden oder auch nur bewusst ein paar tiefe Atemzüge zu machen. Wichtig ist, dass Sie bei sich ankommen, aus dem störenden Gedankenkarussell aussteigen und sich auf die anstehende Arbeit ausrichten. Die meisten Menschen, insbesondere die, die noch wenig Erfahrung mit Rute oder Pendel haben, brauchen etwas mehr Starthilfe. Hier finden Sie verschiedene Vorschläge für einfache Übungen, die Sie für Ihre Vorbereitung nutzen können. Probieren Sie aus, welche für Sie hilfreich sind.

DER BAUM

- Erdung
- Anregung und Regulierung des Energieflusses

Stehen Sie stabil mit den Füßen schulterbreit oder etwas weiter auseinander. Wenn Sie möchten und es möglich ist, machen Sie diese Übung barfuß und draußen. Breiten Sie die Arme zu den Seiten oder schräg nach oben aus. Schließen Sie die Augen.

Atmen Sie tief ein und aus, und stellen Sie sich vor, wie Wurzeln aus Ihren Füßen in den Erdboden wachsen, Sie halten und verankern. Vielleicht sehen Sie diese Wurzeln in die Tiefe wachsen, vielleicht fühlen Sie eine Veränderung in sich. Beides ist in Ordnung.

Fühlen Sie, wie die Wurzeln im Erdreich Energie aufnehmen und nach oben in Ihre Füße leiten. Vielleicht sehen Sie die Energie wie Licht, spüren sie wie Wasser oder stellen sie sich wie Elektrizität vor. Lassen Sie die Energie langsam durch Ihre Waden … die Knie … die Oberschenkel … das Gesäß … den Unterbauch bis in den Bauch fließen. Nehmen Sie dabei wahr, wie Ihr Körper gereinigt und gleichzeitig genährt wird. Vielleicht möchte die Energie an manchen Stellen verweilen, oder Sie spüren eine Blockade. Dann schauen Sie geduldig zu, wie die Energie diese auflöst und dann weiterfließt. Lassen Sie die Kraft der Erde vom Bauch weiter in den Oberkörper und die Brust fließen … in die Arme, die Ellenbogen, die Hände … in den Hals, den Kopf … und aus Händen und Kopf hinauf in den Himmel.

Spüren Sie, wie Energie aus dem Himmel zu Ihnen zurückfließt. Vielleicht sehen Sie diese Energie als Sonnenlicht. Lassen Sie es in sich einströmen, durch den ganzen Körper hindurch bis hinunter in die Füße und von dort ins Erdreich.

Sie sind nun wie ein Baum verbunden mit Himmel und Erde. Lassen Sie die Energien einige Zeit – solange Sie es möchten und brauchen – in diesem Kreislauf fließen. Wenn Sie merken, dass Sie genug getankt haben, sich verankert und gereinigt fühlen, dann erlauben Sie den Energien, sich zurückzuziehen.

Wenn Sie diese Übung einige Male gemacht haben, dann werden Sie merken, dass Sie sie gar nicht mehr vollständig durchführen müssen. Bald ist es genug, sich mit der Intention zur Verwurzelung hinzustellen, und Sie werden von selbst zum Baum.

KLARE SICHT

- Beruhigung der Gedanken
- Innere Ausgeglichenheit

Setzen Sie sich bequem hin, und schließen Sie die Augen. Nehmen Sie ein paar tiefe, bewusste Atemzüge, um ganz in Ihrem Körper anzukommen.

Stellen Sie sich dann Ihre Gedankenwelt oder Ihre Emotionen als einen See vor. Wie sieht er aus? Ist das Wasser klar? Wie tief können Sie sehen? Gibt es Wellen, oder ist die Wasseroberfläche glatt? Beobachten Sie erst einmal, ohne zu urteilen. Vielleicht fallen Ihnen weitere Details auf, z. B. kann das Ufer bewachsen sein oder von Sandstränden gesäumt. Es können Enten und Gänse auf dem Wasser schwimmen oder Laub, sogar Müll.

Wenn Sie Ihren See wahrgenommen haben, dann atmen Sie noch einmal tief durch, und beschließen Sie dann, den See zu beruhigen und zu klären. Vielleicht möchten Sie eine Intention sprechen oder denken: »Mein Geist kommt zur Ruhe, jetzt.« Stellen Sie sich vor, wie die Enten und Gänse ans Ufer schwimmen … die Trübstoffe auf den Boden sinken, sodass das Wasser klar wird … der Wind nachlässt und die Wellen sich glätten. Atmen Sie die Ruhe und Klarheit ein, und halten Sie das Bild Ihres Sees, solange es sich gut anfühlt.

Die vorangehenden Übungen sind hilfreich, um sich in einen entspannten Geisteszustand für die erfolgreiche Rutenarbeit zu versetzen. Allerdings gibt es immer wieder auch Personen, denen sie nicht helfen. Meiner Erfahrung nach gehen diese oft einer sitzenden, geistigen Arbeit nach, sind es also wenig gewohnt, den Körper zu spüren, und halten sich viel im Denken auf. Erdungs- und Meditationsübungen, die nur in der Vorstellung stattfinden, verleiten dazu, sich den Körper vorzustellen, statt ihn zu fühlen und in ihm anzukommen.

Wenn Sie zu dieser Personengruppe gehören, empfehle ich Ihnen zur Erdung zunächst körperliche Betätigung! Die wenigsten von uns müssen noch für den täglichen Bedarf Holz hacken oder Wasser tragen, aber wenn Sie einmal versuchen, Ihren Garten mit der Gießkanne zu wässern statt mit der Beregnungsanlage, dann werden Sie unmittelbar merken, warum solche Tätigkeiten hilfreich sein können. Anstelle von Gartenarbeit empfehlen sich natürlich auch Hausarbeiten (eine ruhige, ordentliche Umgebung ist immer von Vorteil), insbesondere solche, die körperlich monoton sind, aber Sie gleichzeitig geistig beschäftigen, z. B. Staub saugen, Fenster putzen oder Fußböden wischen. Joggen oder Fahrradfahren eignen sich tatsächlich weniger gut, weil dabei der Geist gern abschweift und Sie sich, statt in die Ruhe und Zentrierung zu kommen, in ein neues Gedankenkarussell begeben. Neben Hausarbeiten hat sich auch folgende Übung bewährt:

DIE SCHÜTTELÜBUNG

- Abbau überschüssiger oder nervöser Energie
- Raus aus dem Kopf, rein in den Körper
- Anregung des Energieflusses

Stehen Sie stabil mit den Füßen schulterbreit oder etwas weiter auseinander. Am effektivsten ist diese Übung barfuß. Lassen Sie alle Gelenke locker: Die Knie sind leicht gebeugt, die Arme hängen entspannt herab.

Stellen Sie sich vor, dass die Erde unter Ihnen von Energie durchdrungen ist. Alternativ können Sie visualisieren, wie Sie auf einem Drachen stehen. Lassen Sie diese Energie in Ihre Füße strömen … und weiter in Ihren Körper …

Merken Sie, wie die Energie anfängt, Ihren Körper zu bewegen – zuerst vielleicht langsam und zögerlich, aber je mehr Energie durch Sie fließt und je lockerer Ihre Gelenke und Muskeln werden, desto wilder werden die Bewegungen, bis Sie schließlich geschüttelt werden. Lassen Sie das zu, bis Sie allen Stress, alle Anspannung, alle negativen Energien, alle kreisenden Gedanken abgeworfen haben. Kommen Sie dann langsam zur Ruhe.

TIPP: Als Erste-Hilfe-Maßnahme oder, wenn wenig Zeit ist, haben sich auch Fußmassagen bewährt, z. B. mit einem Fußroller oder Igelball.

ERSTE ÜBUNGEN

GRUNDÜBUNGEN (JA/NEIN)

Nachdem Sie sich nun in die optimale geistige Grundstimmung versetzt haben, sind Sie bereit, loszulegen. Wie funktioniert das? Ganz einfach: Sie nehmen die Einhandrute in die Hand! Dazu bedarf es keiner großen Erklärung oder Technik. Wichtig ist nur, dass Sie sie locker und keinesfalls verkrampft im rechten Winkel halten.

Im Ruhezustand sollte die Rute nicht schwingen. Tut sie das doch, dann haben Sie gerade viel Grundspannung oder sind noch abgelenkt. Wiederholen Sie dann eine der beschriebenen Übungen zur Einstimmung, oder verschieben Sie die Rutenarbeit.

Sie können im Sitzen, Stehen oder Laufen arbeiten, achten Sie jedoch auf einen guten Stand (idealerweise sind beide Füße auf dem Boden) und eine lockere Haltung.

Jetzt können Sie beginnen, die Bewegung Ihrer Einhandrute kennenzulernen. Fragen Sie dazu zunächst laut oder in Gedanken: »Wie sieht mein Ja aus?«, »Was bedeutet bei mir ein Ja?«, oder sagen Sie: »Zeige mir mein Ja!« Seien Sie geduldig, wenn nicht sofort etwas passiert, und versuchen Sie nicht, die Rute mental oder physisch zu einer Bewegung zu zwingen. Bleiben Sie neugierig, aber erwartungslos! Bei den meisten zeigt sich ein Ja als ein Auf-und-ab-Schwingen, quasi als Nicken. Vielleicht zeigt sich auch ein Kreisen nach rechts, also im Uhrzeigersinn. Es kann am Anfang etwas dauern, bis die Rute beginnt, zu schwingen.

Hat sich eine eindeutige Bewegung gezeigt, dann bedanken Sie sich bei der Rute, und gehen Sie zur nächsten Frage über: »Wie sieht mein Nein aus?«, »Was bedeutet bei mir ein Nein?«, »Zeige mir mein Nein!« Warten Sie wieder geduldig ab, bis sich die Rute auf eine eindeutige Bewegung einlässt. Oftmals zeigt sich ein Nein als ein Hin-und-her-Schwingen (gleich dem Kopfschütteln) oder ein Kreisen gegen den Uhrzeigersinn, also nach links. Es gibt auch Fälle, wo die Einhandrute sich bei Ja bewegt und bei Nein regungslos bleibt.

Wenn Sie möchten, dann können Sie nun noch abfragen, wie eine Verweigerung bei Ihnen aussieht: »Was bedeutet bei mir: Diese Frage kann oder will ich nicht beantworten?« Hier kommt die Rute in der Regel zum Stillstand und schwingt nicht.

Es kann hilfreich sein, die erhaltenen Antworten zu notieren und später noch einmal durch erneutes Abfragen abzusichern. Normalerweise werden die festgestellten Bewegungsmuster für Ihre gesamte zukünftige Arbeit mit der Einhandrute beständig bleiben und sich nicht verändern. Vergessen Sie nicht, dass die Rute kein eigenständiges Wesen ist, das unabhängig von Ihnen reagiert. Die Rute macht lediglich sichtbar, was Ihr Unterbewusstsein Ihnen sagt, übersetzt also das Ja oder Nein in Ihnen in ein sichtbares Signal.

Haben sich Ihr Ja und Ihr Nein etabliert, so können Sie deren Zuverlässigkeit anhand einiger Fragen testen und verfestigen. Fragen Sie Ihr Geburtsdatum ab, den Rufnamen Ihres Hundes oder das Fabrikat Ihres Autos. Schon bei der Frage nach Ihrem Lieblingsessen oder Beruf könnten Sie eine überraschende Antwort erhalten!

Übrigens: Vielleicht bemerken Sie bereits jetzt, dass manche Fragen schneller, andere zögerlicher beantwortet werden oder die Schwingung unterschiedlich stark ausfällt. Notieren Sie auch dies, denn hier finden Sie Hinweise auf die Intensität oder Qualität Ihrer Antwort.

RUTENBEWEGUNGEN

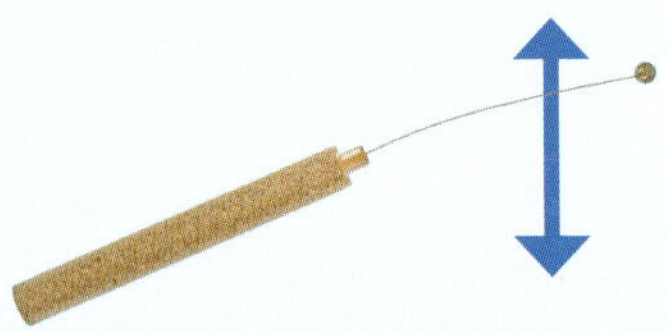

Das Auf-und-ab-Schwingen steht meist für ein Ja.

Das Kreisen im Uhrzeigersinn zeigt meist eine Energiesteigerung und Harmonie an.

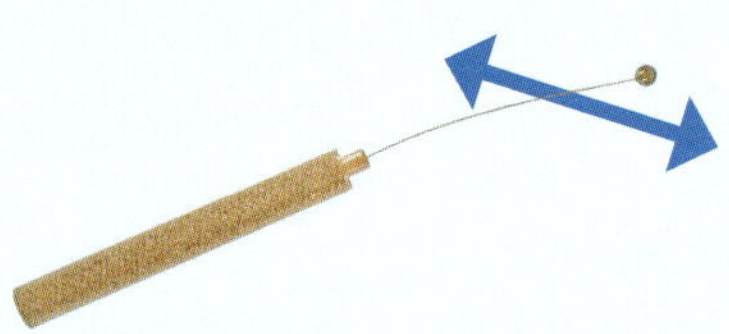

Das Hin-und-her-Schwingen steht meist für ein Nein.

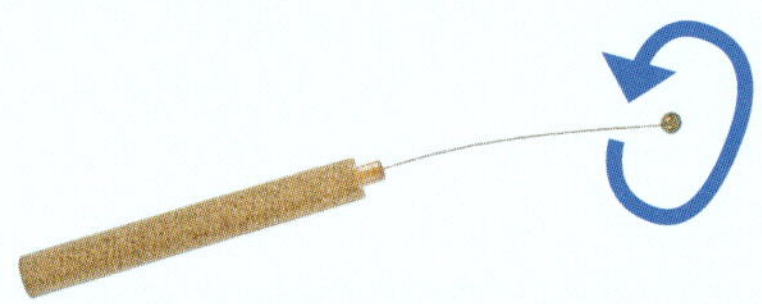

Das Kreisen gegen den Uhrzeigersinn zeigt meist eine Energiesenkung und Disharmonie an.

FRAGEN RICHTIG STELLEN

Unser Unterbewusstsein ist ein wundersamer Ort, gleich einer riesigen, aber ungeordneten Bibliothek. Wir wissen nicht, was wir alles wissen. Die Rute kann uns dabei helfen, Antworten zu finden – wenn wir die richtigen Fragen stellen. Anders als beim Channeling können wir uns nicht frei erkundigen und bekommen die Antworten ausführlich erläutert, sondern wir sind auf Angelegenheiten begrenzt, die mit Ja oder Nein zu klären sind. Fragen mit einem »oder« fallen von vornherein aus. Wie bei anderen Divinationsformen sollte auch immer vermieden werden, negative Formulierungen zu verwenden. »Ist dies schlecht für mich?« ist eindeutig zu beantworten, »Ist dies nicht gut für mich?« wird nur für Verwirrung sorgen. Insgesamt sollte die Frage einfach, unkompliziert, aber präzise formuliert sein, sodass es keinen Raum für Missverständnisse gibt und Sie den Inhalt leicht im Fokus behalten können.

DENKEN SIE DARAN, DASS DIE ANTWORT DER RUTE NUR SO GUT SEIN KANN WIE IHRE FRAGE!

Wie schon erwähnt, ist es nicht ratsam oder kann sogar gefährlich sein, lebenswichtige Entscheidungen oder Gesundheitsfragen ausschließlich von der Rute abhängig zu machen. Zu groß ist das Risiko, dass hier unser Wunschdenken oder unsere Angst antwortet statt unseres unterbewussten Wissens. Wir dürfen nicht an der Antwort anhaften (insbesondere, wenn eine bestimmte favorisiert wird). Wenn Sie eine Frage nicht neutral stellen können, also aus Interesse an der Wahrheit statt an einer bestimmten Antwort, dann sollten Sie jemand anderem die Rute übergeben oder die Frage auf andere Art zu beantworten suchen.

WUNSCHDENKEN BEEINFLUSST DAS ERGEBNIS.

Eine weitere Stolperfalle verbirgt sich hinter der Art, wie wir unsere Frage stellen bzw. die Antworten interpretieren. Fragen Sie z. B., ob dieser Apfel gesund ist, so erhalten Sie vielleicht ein Ja, selbst wenn Sie allergisch auf Äpfel reagieren, Fruchtzucker nicht vertragen oder es zu spät am Abend ist, um noch etwas zu essen. Hier hätte die Frage besser lauten sollen: »Ist dieser Apfel jetzt gesund für mich?« Ähnlich verhält es sich mit der Frage nach Heilmethoden oder Medikamenten. Eine Ja-/Nein-Antwort ist hier irreführend, denn ein Medikament kann generell hilfreich sein, aber vielleicht in Ihrem Fall nicht. Es kann gut verträglich sein, aber bei einem bestimmten Menschen unangenehme Nebenwirkungen haben, mit bereits vorhandener Medikation in Wechselwirkung treten oder aus anderen Gründen in diesem spezifischen Fall nicht gut wirksam sein. Hier wäre es angebracht, zusätzlich zu Ja und Nein den Prozentbereich der Wirksamkeit abzufragen. Vermeiden Sie generell Fragen, die mit »Sollte ich ...?« beginnen, denn damit fragen Sie nach einer Option, nicht nach der Wahrheit.

Wenn Sie sich nicht sicher sind, ob Sie Ihre Frage korrekt gestellt haben und die erhaltene Antwort richtig ist, dann prüfen Sie sie noch einmal mit einer der folgenden Fragen:

- »Habe ich die Antwort irgendwie missverstanden/falsch interpretiert?«
- »Habe ich alle wesentlichen Informationen, die ich zur Beantwortung dieser Frage brauche?«
- »Fehlt mir eine Information, um ein stimmiges Gesamtbild zu erhalten?«
- »Habe ich aus der Antwort, die mir die Rute gegeben hat, eine falsche Schlussfolgerung gezogen?«

DIE KUNST ERFOLGREICHEN FRAGESTELLENS LIEGT DARIN, SICH MIT JEDER ANTWORT UND NACHFOLGENDEN FRAGE NÄHER AN DAS ZIEL HERANZUTASTEN.

Eine weitere Stolperfalle ist bedingt durch die Tatsache, dass die Rute nicht auf die Frage reagiert, die aus Ihrem Mund kommt, sondern auf die, um die Ihre Gedanken kreisen. Dies ist der Grund, warum Ablenkungen minimiert und der Geist vor der Rutenarbeit beruhigt werden sollten.

Um den Fokus zu halten, kann es insbesondere anfangs helfen, die Frage laut und langsam auszusprechen, sie bildlich als Schriftzug zu visualisieren oder in ein Bild zu übersetzen. Je mehr Sinne eingebunden sind, desto mehr folgen Gedanken und Gefühle der Intention, nämlich dem tatsächlichen Inhalt der Frage.

HALTEN SIE DEN FOKUS AUF DER FRAGE, NICHT DER ANTWORT!

Natürlich können Sie auch ein Objekt austesten, ohne eine Frage zu stellen. Dann wird Ihnen die Rute mit ihrer Antwort verraten, ob die Energie des Gegenstands positiv (Kraft gebend, stärkend) oder negativ (Kraft zehrend, entladend) wirkt – die Vorgehensweise wird im folgenden Abschnitt näher erklärt.

AUSTESTEN VON GEGENSTÄNDEN

Für das Austesten von Gegenständen gibt es mehrere Vorgehensweisen:

- Nehmen Sie die Einhandrute in die Hand, und halten Sie sie so, dass sie frei schwingen kann. Benutzen Sie Ihre freie Hand (oder auch nur einen Finger) als Antenne, indem Sie sie auf oder über den zu testenden Gegenstand halten (oder einen Finger daranlegen). Blicken Sie auf die Spitze der Rute, während Sie Ihre Frage stellen.
- Nehmen Sie die Einhandrute in die eine und den zu testenden Gegenstand in die andere Hand. Halten Sie die Rute so über den Gegenstand, dass sie frei schwingen kann. Ihre Augen sollten sowohl auf den Gegenstand als auch die Spitze der Rute gerichtet sein. Stellen Sie nun Ihre Frage.
- Legen oder stellen Sie den Gegenstand auf einen störungsfreien Platz. Halten Sie die Rute in die Nähe des Gegenstands. Stellen Sie Ihre Frage: »Ist … jetzt gut für mich?«, während Sie die Spitze der Rute betrachten und auf die Antwort warten.

Die vielleicht wichtigste Technik ist die Resonanz- oder Beziehungstestung. Hierbei wird untersucht, wie sich unterschiedliche Schwingungen vertragen bzw. ob sie harmonieren – wie sie in Resonanz oder Beziehung gehen. Diese Testung können Sie für sich selbst, aber auch für und mit einer anderen Person durchführen.

Legen oder stellen Sie dazu den zu testenden Gegenstand auf einen geeigneten, störungsfreien Platz. Halten Sie Ihre freie Hand ein Stück entfernt mit der Handfläche zu dem Gegenstand gewandt. Möchten Sie den Gegenstand für eine andere Person austesten, hält diese ihre Hand vor den Gegenstand. Mit Ihrer anderen Hand halten Sie nun die Einhandrute zwischen Testhand und Gegenstand. Wenn Sie möchten, dann visualisieren Sie eine Linie zwischen Ihrer Handinnenfläche (bzw. der der anderen Person) und dem Gegenstand. Warten Sie nun auf die Antwort der Rute.

Ein Hin- und Herschwingen bedeutet Zustimmung, Verbindung: Mensch und Gegenstand schwingen in Resonanz.

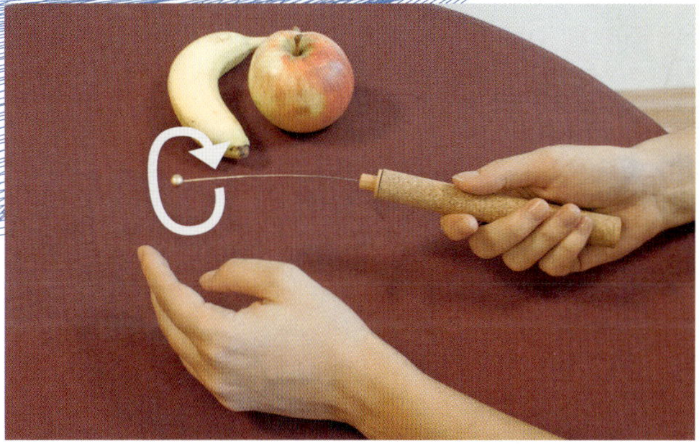

Ein Rechtskreis bedeutet Harmonie: Der Testgegenstand ist für die Person energetisierend.

Die Schnelligkeit und Intensität der Antwort gibt Ihnen einen Hinweis auf die Stärke der Resonanz oder Dissonanz.

Übrigens: Die freie Hand, die Sie in die Nähe des Testgegenstands bringen, nennt man auch »Handantenne«.

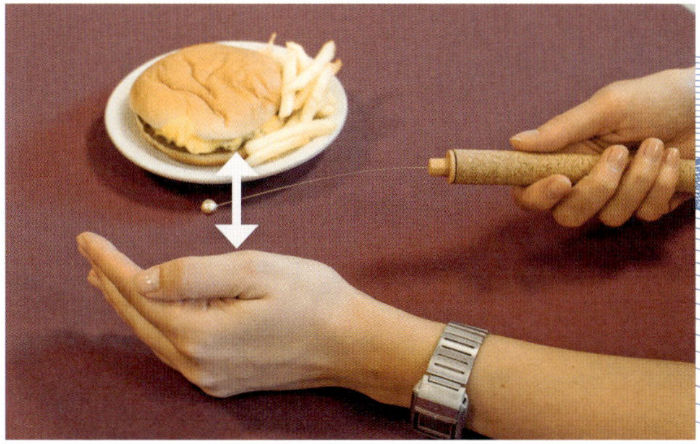

Ein Auf- und Abschwingen bedeutet, dass Mensch und Gegenstand nicht harmonieren (»Trennmauer«).

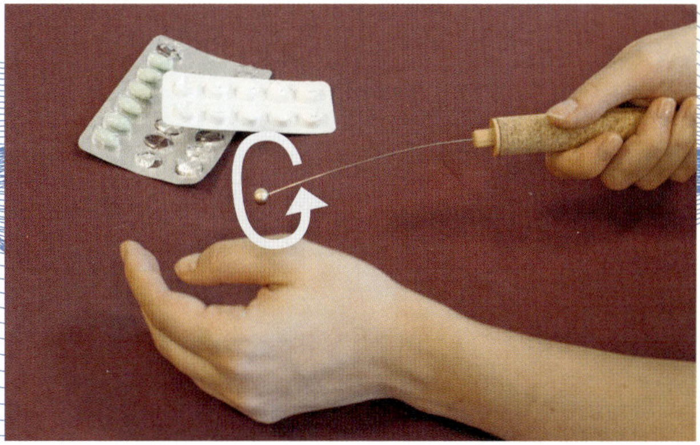

Ein Linkskreis bedeutet Disharmonie: Der Testgegenstand entzieht der Person Energie.

TESTREIHEN

Ist die Rute der Zeiger, so sind wir das Messgerät, und um exakte Ergebnisse zu liefern, muss das Messgerät nicht nur funktionieren, sondern kalibriert sein. Außerdem müssen wir lernen, die erhaltenen Messwerte richtig zu interpretieren. Daher sollten Sie auf keinen Fall mit lebenswichtigen Fragen beginnen (bei diesen ist es sowieso nicht ratsam, sich ausschließlich auf die Antwort der Rute zu verlassen – nicht, weil wir unserem Unterbewusstsein nicht trauen könnten, sondern, weil hier die Gefahr einer falschen Antwort zu groß ist). Tasten Sie sich spielerisch heran. Nachdem Sie sich in den vorherigen Abschnitten mit der Theorie und in ersten Übungen mit Ihrer Rute vertraut gemacht haben, gilt es jetzt, ein Gespür für unterschiedliche Antworten der Rute zu entwickeln – sowie für Ihre Rutenfähigkeit.

Wenn Sie möchten, dann notieren Sie sich die Übungen und erhaltenen Antworten. So können Sie später Ihre Fortschritte nachverfolgen. Es ist außerdem normal und weit verbreitet, auch unter erfahrenen Praktikern, dass sich einmal ein Zweifel oder ein »Was tue ich hier eigentlich?« einschleicht. Die Radiästhesie fällt doch, jedenfalls in den Augen vieler, in den Bereich der Esoterik oder Grenzwissenschaften, nicht in den der »handfesten«, überprüfbaren Natur- oder Ingenieurswissenschaften. Umso hilfreicher ist es, zu den bereits gemachten Erfahrungen und v.a. Erfolgserlebnissen zurückblättern zu können, denn allzu oft erinnert man sich im Nachhinein eher an die Fehlschläge.

Einige Bücher empfehlen, die aktuelle Rutenfähigkeit, also Ihre Tagesform, über eine Tabelle, ein Diagramm oder eine Ja-/Nein-Frage zu prüfen. Hier sollten Sie bedenken, dass das Wunschdenken gerade bei dieser Frage die Antwort verfälschen kann.

Als weniger störungsanfälliger Test hat sich folgende Übung bewährt:

Nehmen Sie zwei Gläser möglichst gleicher Form, und füllen Sie diese mit Leitungswasser. Stellen Sie die Gläser mit ca. 40 cm Abstand auf eine störungsfreie Oberfläche, und halten Sie Ihre Einhandrute dazwischen. Konzentrieren Sie sich auf das Wasser in den Gläsern, und stellen Sie die Frage: »Ist der Inhalt der Gläser gleich?« Im Idealfall sollte die Rute nun durch ein Hin-und-her-Schwingen zwischen den Gläsern zu verstehen geben, dass der Inhalt der Gläser identisch, also harmonisch ist. Haben Sie auch hier Geduld, wenn die Antwort nicht sofort kommt. Liegen Sie richtig? Dann herzlichen Glückwunsch, Sie können nun die Übung erweitern.

Leeren Sie eins der Gläser aus, und füllen Sie es mit Mineralwasser. Wiederholen Sie den Test.

Nehmen Sie weitere Gläser hinzu, und testen Sie Quellwasser, Wasser aus einer Pfütze, aus der Gießkanne, Regenwasser ... Lassen Sie am besten einen freundlichen Helfer die Gläser aufstellen, sodass Sie selbst nicht wissen, welches Glas welches Wasser enthält.

Erweitern Sie die Übung, indem Sie fragen, welche dieser Wässer (für Sie jetzt) gut zum Trinken sind. Vielleicht möchten Sie an dieser Stelle als Nächstes Rotweine oder Schokolade testen – tun Sie das!

**DIE WICHTIGSTE REGEL LAUTET:
HABEN SIE SPASS!**

Aus dieser kleinen Übungsreihe ist schon ersichtlich, welche Fragen für den Anfang geeignet sind: solche, die bereits einen Praxisbezug haben, deren Antwort aber nicht lebenswichtig ist und deren falsche Beantwortung keinen Schaden anrichten kann.

Weitere Ideen zum Üben:

Gewöhnen Sie sich an, vielleicht vor dem Weg zur Arbeit nach dem Wetter zu fragen, z. B., ob es regnen wird und Sie einen Schirm brauchen. Ist die Antwort falsch, so werden Sie vielleicht nass. Testen Sie Ihr Essen oder das Buch, das Sie lesen. Sie wissen, ob Ihnen Ersteres schmeckt und bekommt und Zweiteres gefällt.

Legen Sie ein Spielkartendeck mit dem Rücken nach oben vor sich, und beginnen Sie, einzelne Karten zu identifizieren, indem Sie nach der Farbe und dem Wert fragen.

Nehmen Sie drei Pappbecher, und lassen Sie einen Helfer ein kleines Objekt, einen Stein oder eine Büroklammer, unter einem davon verstecken. Fragen Sie ab, unter welchem Becher es sich befindet.

Lassen Sie Ihren Helfer ein Objekt im Zimmer verstecken, und versuchen Sie, es mit der Rute zu finden.

All diese Übungen dienen dazu, Ihr Vertrauen in sich selbst und Ihr neues Hobby zu stärken sowie Erfahrungen mit der Rute zu sammeln, sodass Sie bereit sind, tiefer in die Praxis vorzudringen.

ZUSAMMENFASSUNG

- Befreien Sie Ihren Geist von vorgefassten Meinungen, Wunschdenken, Erwartungen und Angst.
- Richten Sie Ihre Konzentration auf die Frage und das Testobjekt, und lassen Sie sich nicht ablenken.
- Je feinfühliger Sie sind und je sensibler Sie Ihre Umwelt wahrnehmen, desto leichter wird Ihnen die Rutenarbeit fallen und desto präziser werden Ihre Ergebnisse.
- Stellen Sie eindeutige, klare Fragen, die mit Ja oder Nein zu beantworten sind. Stellen Sie lieber eine Frage mehr als eine zu wenig. Oftmals erhält man keine Antwort, weil die Frage falsch gestellt wurde.
- Kein Testergebnis ist unfehlbar.
- Haben Sie Geduld! Besonders am Anfang kann die Antwort etwas auf sich warten lassen.
- Üben Sie spielerisch und mit Spaß.

ANWENDUNGEN

Nach dieser kleinen Einführung in die Theorie und die Voraussetzungen des Rutengehens widmen wir uns in diesem zweiten Teil der praktischen Anwendung. Einige Grundtechniken wurden bereits vorgestellt. Jetzt geht es an die konkrete Arbeit. Die Möglichkeiten des Einsatzes der Einhandrute sind vielfältig und individuell, d. h., sie werden nur begrenzt von der Fantasie und der Fähigkeit des Rutengängers.

MÖGLICHKEITEN DES RADIÄSTHESIE:

- Suche nach Wasseradern inklusive Wasserrohren und Rohrbrüchen
- Suche nach Edelmetallen oder sonstigen Bodenschätzen
- Aufspüren von Erdenergien (Verwerfungen, Erdstrahlung, Ley-Lines)
- Suche nach vermissten Personen, Tieren oder Gegenständen
- Abfrage von Gesundheitszuständen (Bioenergetik des Körpers)
- Abfrage von Qualität, Nutzen und Verträglichkeit von Nahrungsmitteln, Medikamenten etc.
- Abfrage von Unterbewusstem
- Bewertung der Energie und Suchen von Störfeldern innerhalb eines Raums
- Kommunikation mit Naturwesen, Geistführern, Ahnen etc.

Vielleicht werden Sie im Laufe Ihrer Entwicklung feststellen, dass Sie Fragen mancher Bereiche außerordentlich akkurat beantworten, während die Antworten in anderen Bereichen eher unbefriedigend ausfallen. Dies ist kein Grund zur Beunruhigung, ganz im Gegenteil. Die meisten Rutengänger finden ihre eigene Nische, ihr Spezialgebiet. So gibt es Rutengänger, die sich auf das Finden von Wasser spezialisieren, andere auf das von verlorenen Gegenständen und wieder andere auf den Gesundheitsbereich. Probieren Sie aus, welche Ihre Nische ist.

Die Radiästhesie wird zunächst in zwei Teilbereiche aufgegliedert:

- Bei der **mentalen Radiästhesie** wird generell ohne Stoffprobe gearbeitet, also nur mit der Vorstellungskraft, dem Begriff oder dem Namen. Hierzu gehören alle Anwendungen im feinstofflichen Bereich, z. B. das Austesten von Energiekörpern, der Aura, morphischen Feldern oder Fernwirkungen.
- Die **materielle oder physikalische Radiästhesie** untersucht grobstoffliche, materielle Objekte und deren Eigenschwingung. Es liegt hierbei zumindest eine Stoffprobe des zu testenden Objekts vor, oder es werden konkrete Gegen-

stände oder Orte untersucht. In diesen Bereich fällt das Suchen von Wasseradern ebenso wie das Testen von Lebensmitteln. Anfängern fällt diese Art der Rutenarbeit oft leichter, da nicht zusätzlich zu der Frage das Bild im Geist gehalten werden muss.

Des Weiteren unterscheidet man zwei verschiedene Methoden:

- Bei der **aktiven Methode** wird eine konkrete Frage nach z.B. der Eigenschaft eines Gegenstands gestellt, auf die die Rute die Antwort in Form von Ja oder Nein anzeigt. Die Konzentration des Radiästheten liegt hierbei bei der Frage (»Ist XYZ jetzt gut für mich?«). Diese Art des Arbeitens wird bei allen mentalen Testungen benutzt, bei der Arbeit mit Diagrammen und Vorlagen, v.a. im feinstofflichen Bereich. Da das zu testende Objekt oder die Stoffprobe hier nicht materiell vorliegen muss, sondern mit dem geistigen Bild gearbeitet wird, bedarf es einer guten Vorstellungskraft seitens des Radiästheten.
- Bei der **passiven Methode** wird keine konkrete Frage gestellt, sondern die Schwingung bzw. Resonanz des Objekts oder Ortes selbst ausgetestet. Die Konzentration des Radiästheten liegt hier allgemein auf der Rute und ihrer Reaktion. Die Haltung sollte also eine neugierig abwartende sein, man spricht auch von »passiver Konzentration«, da man sich auf den Empfang oder die unbewusste Wahrnehmung der Strahlung einstellt. Mit speziellen Ruten (sogenannten Lecher-Antennen) kann man auf diese Weise auch die Frequenz und Wellenlänge der zu untersuchenden Strahlung austesten.

SPEZIELLE TESTVERFAHREN

Nachdem im vorherigen Kapitel einige Grundtechniken vorgestellt wurden (und Sie diese gut geübt haben), stelle ich Ihnen nun einige speziellere Testverfahren vor, um die Sie die Grundtechniken ergänzen können.

AUSTESTEN VON LISTEN, TABELLEN ODER DIAGRAMMEN

Um aus einer großen Zahl von Möglichkeiten die für Sie oder Ihre Testperson richtige zu finden, kann es sinnvoll sein, diese mittels einer Tabelle oder Liste auszuwählen. Das ist besonders praktisch, wenn eine Bachblüte, ein Nahrungsergänzungsmittel oder ein homöopathisches Mittel ausgewählt werden soll, aber nicht alle physisch zum Austesten zur Verfügung stehen. Für eine derartige Liste können Sie das Inhaltsverzeichnis

oder Glossar eines Buchs, einen Produktkatalog, ein Kartenset oder eine spezifisch für die Radiästhesie angefertigte Liste aus einem Pendel- oder Rutenbuch (z. B. »Pendel-Welten«) verwenden. Natürlich funktioniert eine selbst angefertigte Liste genauso gut.

Vorgehen:
Haben Sie Ihre Liste vorliegen, so beginnen Sie, indem Sie einen Finger als Antenne nutzen. Üblicherweise ist dies der Zeigefinger Ihrer nicht dominanten Hand. Zeigen Sie auf den ersten der ausgewählten Listeneinträge, und fragen Sie: »Ist dies das Richtige?« Sie können die Frage weiter präzisieren, indem Sie »für mich«, »für meinen Körper«, »für meine Gesundheit, psychisch wie physisch« oder Ähnliches ergänzen. Halten Sie die Rute locker in Ihrer Rutenhand, und lassen Sie sie mit Ja oder Nein antworten.

Ist die Liste sehr lang, dann empfiehlt es sich, die einzelnen Positionen in Gruppen zusammenzufassen. Zeigen Sie auf jeweils eine Gruppe, und fragen Sie: »Ist das Richtige hier dabei?« Wenn Sie ein Ja für eine Gruppe bekommen haben, fragen Sie die einzelnen Einträge ab.

HOCHZÄHLEN

Haben Sie Ihr Testprodukt in seiner Qualität bestimmt, dann kann es oft sinnvoll sein, danach die Quantität abzufragen. Es ist leicht ersichtlich, warum bei Genussmitteln oder Arzneimitteln unbedingt die Dosierung wichtig ist: Eine Tasse Kaffee kann gesund sein, zwei oder drei mögen verträglich sein, aber ein oder zwei Kannen sind es sicherlich nicht mehr.

Um also eine Quantität abzufragen – und dies schließt Prozentangaben ein, mit denen man z. B. den Grad einer Beeinträchtigung bestimmen kann –, können Sie wie beschrieben eine Liste oder ein Diagramm benutzen. Einfacher und schneller ist es, wenn Sie sich darin üben, Mengen mental hochzuzählen. Dazu benötigen Sie eine gute Konzentrationskraft.

Vorgehen:
Überlegen Sie sich zunächst eine geeignete Abstufung für das Produkt oder den Zustand, das oder den Sie testen möchten. Dies können Tropfen, Tassen, Löffel, Portionen, Tabletten, Kapseln, Maßangaben wie Gramm oder Milliliter oder Zeitangaben wie Minuten, Stunden oder Tage sein.

Halten Sie das zu testende Produkt in der Hand, oder nutzen Sie den Antennenfinger auf dem Listeneintrag.

Beispiele für Fragen, die Sie stellen können:

- »Benötige ich hiervon als einfache Dosis einen Tropfen? Zwei? Drei?«
- »Soll ich drei Kapseln einnehmen? Vier? Fünf?«
- »Wie viele Tassen sind verträglich: Eine? Zwei? Drei?«

Sie müssen nicht in Einerschritten zählen. Teilen Sie sich die Testschritte ein, wie sie jeweils sinnvoll sind. Warten Sie bei jeder Frage auf die Antwort der Rute. Idealerweise zeigt sie ein Ja oder Nein an.

BIOMETER NACH BOVIS

Um die Strahlungsintensität oder Lebenskraft (auch »Qi«, »Prana«, »Od «genannt) radiästhetisch bestimmen und messen zu können, entwickelte der französische Physiker André Bovis eine Messskala, die »Biometer« genannt wird. Diese Skala, eingeteilt in sogenannte Bovis-Einheiten (BE), wird heute zur Qualitätsbestimmung von Lebensmitteln, Textilien, Arzneimitteln und Plätzen eingesetzt. Auch die Lebenskraft von Menschen lässt sich damit bestimmen und somit die Anfälligkeit für bestimmte Krankheiten eingrenzen. Allgemein gilt: Je niedriger der Bovis-Wert, desto weniger Lebensenergie hat das getestete Produkt oder Lebewesen. Dabei ist ein Wert von 6500 bis 7500 BE neutral, d. h., ein Ort mit dieser Strahlungsintensität entspricht dem Durchschnitt, und ein Mensch mit dieser Lebenskraft besitzt eine normale, nicht krankhafte Vitalität.

Für die Abfrage werden Tabellen wie die folgende genutzt.

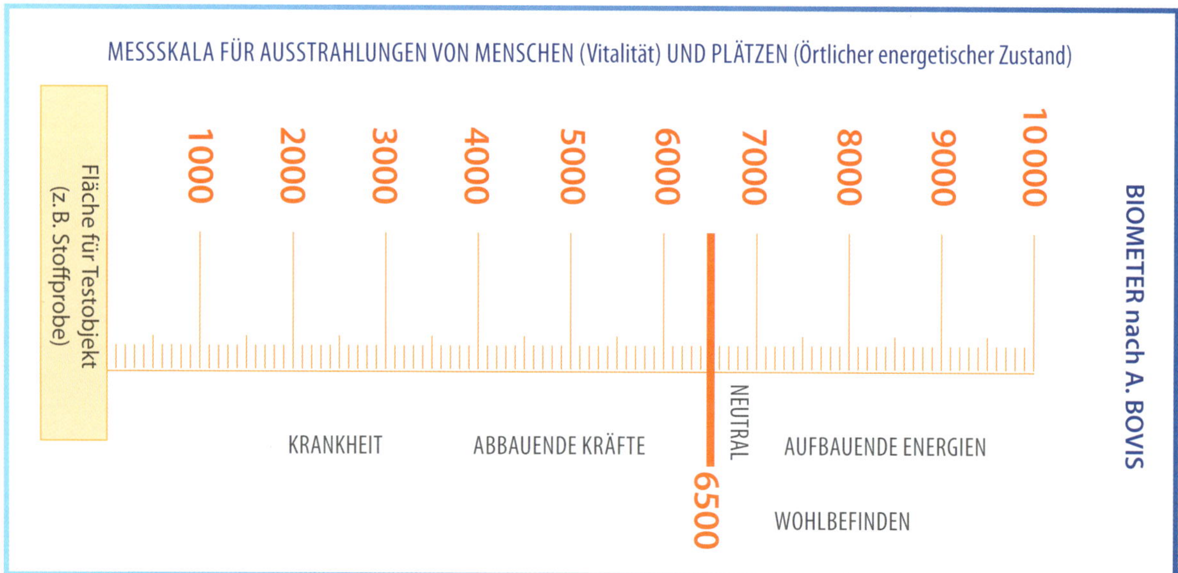

RICHTWERTSKALA FÜR BOVIS-EINHEITEN

Nachstehend finden Sie eine Skala mit Richtwerten für Ihre Abfragen in Bovis-Einheiten (BE).

etwa 1600 BE	keine Lebenskraft mehr
etwa 2000 BE	Kreuzungen/krankheitsfördernde Zonen/Streifen
2000 bis 6500 BE	gesundheitsschädlich
etwa 6500 BE	Mittelwert für die physische Energie des Menschen in Europa – etwa Abaris-Pfeil/Tesla-Platte
6000 bis 7000 BE	störungsfreie Zone
7000 bis 8000 BE	Vitalstrahlung des Menschen
etwa 8500 BE	Mittelwert für die physische Energie des Menschen im asiatischen Raum
etwa 12 000 BE	technische Pyramidenmodelle
8000 bis 13 000 BE	Energieübertragung von Heilern
13 000 bis 14 000 BE	Moschee, in der gebetet wird
ab 14 000 BE	Schwelle zur Transformation
etwa 18 000 BE	Labyrinth von Chartres/Kraftort
16 000 bis 21 000 BE	Felsen von Naguane in Capo di Ponte
etwa 27 000 BE	Orgon-Verstärker
etwa 34 000 BE	superstarke Orgon-Pyramide

Vorgehen:
Benutzen Sie die Tabelle wie erläutert, oder zählen Sie die Einheiten mental hoch, während Sie sich auf das Testobjekt konzentrieren. Stellen Sie sich hierfür direkt auf die Wasserader, oder benutzen Sie Ihre Antennenhand, indem Sie sie über den Testgegenstand halten, und lassen Sie die Rute auf- und abschwingen (neutral). Geben Sie ihr die Ansage, nach rechts zu kreisen, sobald der empfangene Wert erreicht ist. Zählen Sie dann mental von null aus in Tausenderschritten hoch. Zählen Sie langsam genug, damit die Rute Zeit hat, zu reagieren. Sobald der Wert der vorhandenen Strahlung erreicht ist, wird die Rute beginnen, zu kreisen. Nun können Sie in Hunderterschritten zurückzählen, bis Sie den genauen Wert erreicht haben.

Beispiele für Fragen, die Sie stellen können:

- »Wie hoch ist die Intensität der Schwingung/Lebensenergie an diesem Ort, an dem ich stehe?«
- »Wie hoch ist die Intensität der Schwingung/Lebensenergie des Produkts, das ich in der Hand halte?«
- »Ist die Intensität der Schwingung/Lebensenergie an diesem Ort 1000? 2000? 3000?«

Haben Sie gerade eine Wasserader oder ein ähnliches Störfeld z.B. unter Ihrem Bett entstört, so können Sie Ihre Arbeit überprüfen, indem Sie fragen: »Geht noch Strahlung von der Wasserader aus?« Erhalten Sie hierauf ein Ja, so empfiehlt es sich, die Intensität der Reststrahlung auszutesten.

Anhand der folgenden Tabelle können Sie Werte spezifischen Krankheiten oder Erkrankungskomplexen zuordnen. Ein gesunder, durchschnittlicher Mensch in Mitteleuropa hat einen Bovis-Wert von 6500 bis 7500. Werte darunter gelten als Anzeichen für eine Erkrankung.

Dabei ist zu beachten, dass der gemessene Bovis-Wert keinesfalls den ganzen Tag über konstant ist. Die vorhandene Energie des Menschen ist abhängig von Tageszeit, dem Wetter und den Mahlzeiten, die eingenommen wurden oder nicht. Generell ist der Wert bei Sonnenschein höher als bei Regen, hat um die Mittagszeit seinen Höhepunkt und fällt zur Nacht ab, damit wir schlafen können.

Übrigens: Um wirklich aktiv und kreativ sein zu können, ist ein Bovis-Wert von 20 000 BE oder mehr nötig.

RICHTWERTSKALA IN BOVIS-EINHEITEN FÜR KRANKHEITEN

6300 BE	Ulcus
6000 BE	Morbus BEchterew
5800 BE	Magen
5600 BE	Drogen
5400 BE	Allergie
5300 BE	Herpes
4700 BE	Ischias
4600 BE	Rachitis
4500 BE	Furunkel
4300 BE	Psoriasis (Schuppenflechte)
4200 BE	Hautinfekt
4100 BE	Leukämie
3800 BE	Varikose
3700 BE	Skoliose
3600 BE	Exanthem
3400 BE	Tuberkulose
3200 BE	Diabetes
3100 BE	Syphilis
2600 BE	Krebs
2400 BE	Lymphödem

EXKURS: POLARITÄTEN IN DER RADIÄSTHESIE

Den Begriff der »Polarität« kennen wir im Wesentlichen aus der Physik, der Magnetik und der Elektrotechnik. Hier beschreibt die Polarität die An- oder Zuordnung gegensätzlicher Pole (als »Plus-« und »Minuspol« bezeichnet) im Raum, wobei zwischen dem Pol und seinem Gegenpol aufgrund von ungleichmäßig verteilter Ladung eine elektrische Spannung, also ein Energiefluss, besteht. Beim Magneten kennen wir diese entgegengesetzt gepolten Enden als Nord- und Südpol. Den Prozess der Ausbildung dieser gegensätzlichen Ladungen nennt man »Polarisation«.

In der Radiästhesie werden die beiden unterschiedlichen Polaritäten (Minuspol und Pluspol) durch Links- und Rechtskreisen der Rute getestet und entsprechend auch als »linksdrehende« und »rechtsdrehende« Energien und die Testobjekte selbst als »Links-« und »Rechtsdreher« bezeichnet.

Die Pole werden in der Radiästhesie dabei folgendermaßen verteilt beschrieben: Horizontal gelagerte Linien und Flächen zeigen Minuspolarität, Menschen im Liegen ebenfalls. Vertikale Linien und Flächen zeigen Pluspolarität, Menschen im Stehen ebenfalls. Alle Körper sind bipolar, haben einen Plus- und einen Minuspol, zwischen denen die Lebensenergie fließt. Menschen sind am Haaransatz plusgepolt und zwischen den Füßen minusgepolt. Männer sind auf der rechten Handfläche rechts- und der linken linksgepolt, bei Frauen ist es andersherum. Pflanzen sind auf der Blattoberseite plus- und der Blattunterseite minusgepolt. Selbst Farben haben Polarität: So ist Rot pluspolar und Blau minuspolar.

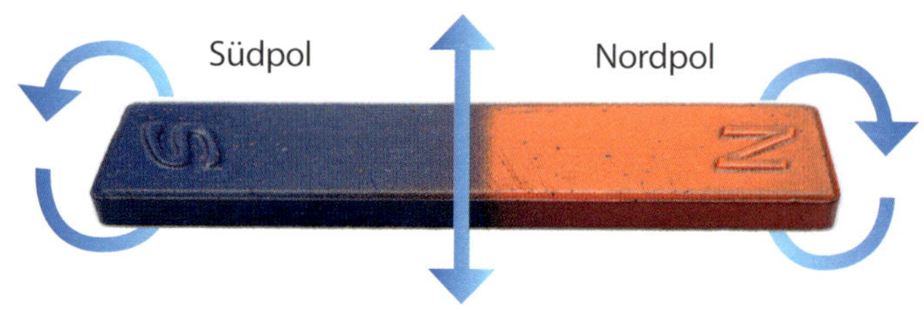

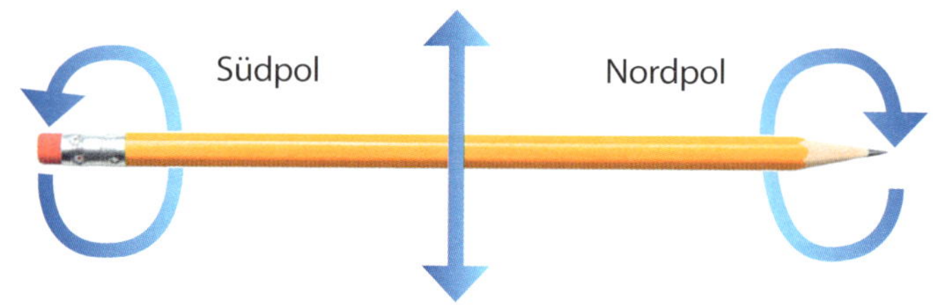

Merke: Alles auf Erden hat zwei Pole, auch die Erde selbst!

Die unterschiedlichen Polaritäten und Energien zeigt die Rute durch Rechts- oder Linksdrehen an:

- Ein Rechtskreis bedeutet Harmonie, Energetisierung, Stärkung, rechtsdrehende Energie, pluspolig.
- Ein Linkskreis bedeutet Disharmonie, Entladung, Schwächung, linksdrehende Energie, minuspolig.

Als Beispiele für Rechtsdreher werden genannt: Atlantiskreuz, Mandalas, geweihte Ikonen, das OM-Zeichen, Pyramiden über der Spitze, Tesla-Platten.

Als Beispiele für Linksdreher werden genannt: Scheckkarten mit Magnetstreifen, Bildschirme, Lautsprecher, Quarzuhren, offene Vasen, Krüge, Flaschen, Gläser und Tassen, Wände, Spiegel, Lichtschalter, Steckdosen, Bilder hinter Glas.

Magnete und Batterien können benutzt werden, um Energien zu übertragen. So ist es möglich, z. B. den Südpol (minuspolig) eines Magneten auf eine schmerzende Stelle zu legen, um sie zu beruhigen, oder Wasser entsprechend zu magnetisieren und dann schluckweise zu trinken.

Des Weiteren können Störfelder jeglicher Art direkt beeinflusst werden, indem die jeweils benötigte Energie übertragen wird. Dabei wird der Pol mit der benötigten Energie über das Störfeld gehalten, und diese wird mit der entsprechenden Drehrichtung der Rute in es eingeschwungen, bis die Rute in das neutrale Auf-und-ab-Schwingen übergeht.

Die Polung eines Testobjekts kann abgefragt, aber auch direkt festgestellt werden, indem die Rute über dessen Mitte gehalten wird, wo sie ein neutrales Auf-und-ab-Schwingen zeigen sollte. Wird die Rute zu einem der Enden geführt, so sollte sie in ein Rechts- oder Linkskreisen übergehen.

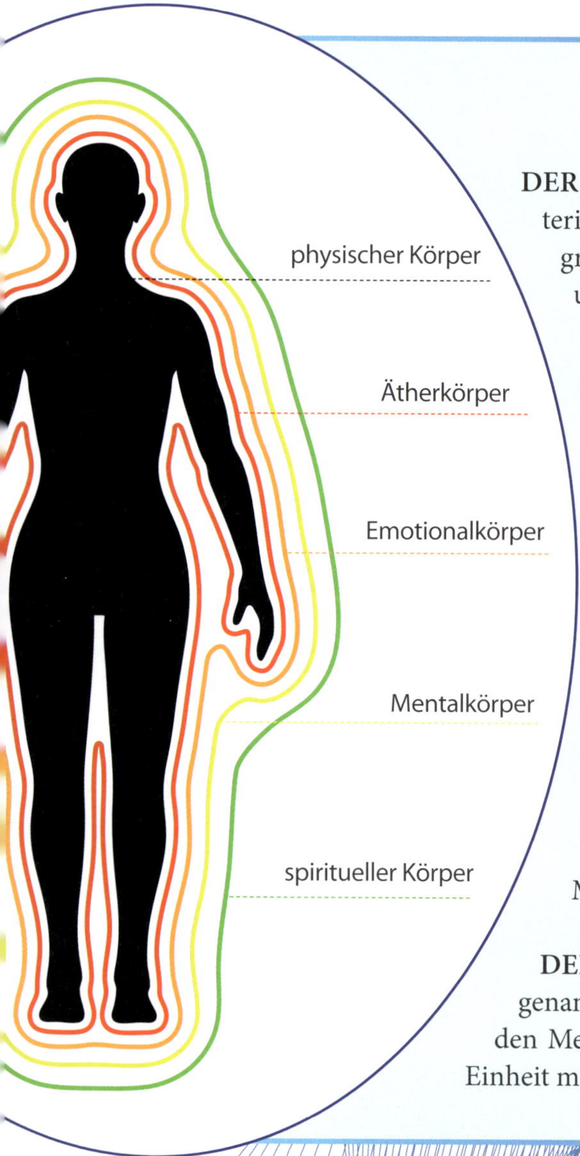

DIE ENERGIEKÖRPER DES MENSCHEN

DER PHYSISCHE KÖRPER: Der physische Körper ist uns allen als unser materieller, manifestierter Körper mit all seinen Organsystemen bekannt. Er ist grobstofflich, sichtbar und kann mit wissenschaftlich anerkannten Methoden untersucht werden. Die Wirkung von Lebensmitteln, Arzneimitteln, Umwelteinflüssen sowie unseren Gewohnheiten auf ihn ist sicht- oder messbar.

ÄTHERKÖRPER: Der Ätherkörper ist die erste feinstoffliche, mit den Augen nicht sichtbare Hülle des materiellen Körpers. Dieser Körper vitalisiert und energetisiert den physischen Körper. In ihm befinden sich die Chakras. Seine Größe und Gestalt entsprechen in etwa denen des physischen Körpers.

EMOTIONALKÖRPER: Der Emotionalkörper – auch »Astralkörper« genannt – ist die zweite feinstoffliche Hülle des Menschen. Er ist der Sitz des Gedächtnisses und der Erinnerung, und in ihm werden die Gefühle erfahren: Freude und Leid, Mut und Angst. Der Emotionalkörper prägt die Sicht auf die Welt und die Wirklichkeit.

MENTALKÖRPER: Der Mentalkörper entspricht der Ebene des Bewusstseins und des Verstandes, aber auch des Egos. Heute identifizieren sich viele Menschen mit ihrem Mentalkörper.

DER SPIRITUELLE KÖRPER: Der spirituelle Körper – auch »Kausalkörper« genannt – wächst in seiner Ausdehnung, je bewusster der Mensch ist. Er verbindet den Menschen mit der göttlichen, kosmischen Ebene und bringt ihn in die innere Einheit mit allem, was ist.

DER MENSCH UND SEINE KÖRPER

Wenn wir von dem menschlichen Körper reden, dann ist meist der physische Körper aus Fleisch, Blut und Knochen gemeint. Energetisch gesehen, ist dieser materielle Körper aber lediglich der dichteste der Körper. Um ihn herum, gleichermaßen in Schalen oder Schichten, befinden sich der ätherische, der emotionale, der mentale und schließlich der spirituelle Körper, deren Energien von innen nach außen immer feinstofflicher werden.

DIES MÜSSEN SIE BEACHTEN!

Bevor Sie mit dem Austesten am Menschen beginnen, sind an dieser Stelle einige Anmerkungen und Disclaimer nötig.

Wenn über die Rute die Energien eines anderen Menschen ausgetestet werden, dann bedeutet dies, dass wir selbst diese Energien empfangen (die Rute ist nur der Zeiger, nicht das Messgerät). Wir können somit auch seine negativen Energien aufnehmen und teilweise sogar dieselben Symptome manifestieren. Nach jeder Testung an einer anderen Person, bei der wir unsere Hände als Empfangssensoren einsetzen, sollten wir daran denken, uns wieder zu entladen. Dies kann mental geschehen oder durch einfache Reinigungsübungen wie ein bewusstes Waschen der Hände (Wasser generell leitet Energien gut ab).

Sobald Sie Hand an eine Person legen, gilt dies in Deutschland als Behandlung, ebenso wie das Austesten von Arzneimitteln, auch homöopathischen, einer Verschreibung gleichkommt. **Nach deutschem Recht dürfen nur Ärzte und Heilpraktiker Krankheiten diagnostizieren, Patienten behandeln und Arzneimittel verschreiben.**

Holen Sie sich vor jeder Sitzung mit einer anderen Person deren Erlaubnis ein. Es sollten keine Fragen zu und über Personen gestellt werden, die keine Einwilligung dazu gegeben haben.

Stellen Sie sicher, dass Sie sich in Ihrer Nische gut auskennen, also genug Wissen besitzen, um die Ergebnisse wie auch die zur Fragestellung führende Problematik wirklich verstehen und beurteilen zu können. Dies gilt besonders für den medizinischen und psychologischen Bereich.

Und ein Wort am Ende: Wenn im Folgenden geschrieben wird, dass die Rute die Antwort gibt oder dass wir auf die Antwort der Rute warten, so erinnern Sie sich, dass die Rute lediglich der Zeiger oder das Instrument ist, das die Antwort sichtbar macht. Woher die eigentliche Antwort kommt, dazu können nur Theorien aufgestellt werden: aus unserem eigenen Unterbewusstsein, aus dem kollektiven Bewusstsein, aus dem oder einem wissenden Feld. In jedem Fall wirken der oder die Fragende, die Rute und das, was antwortet, als ein lebendiges System.

Rutenarbeit sollte Spaß machen und spielerisch betrieben werden, aber wenn Sie sich einen Spaß daraus machen, dann kann es gut sein, dass die Information aufhört, zu fließen. Ebenso ist es ratsam, für sich selbst nur Fragen zu stellen, deren Antwort man auch hören möchte und der man zumindest zu einem gewissen Grad bereit ist zu folgen.

DER PHYSISCHE KÖRPER

Mit unserem physischen Körper sind wir alle vertraut. Er ist der dichteste unserer Körper – so dicht, dass er sichtbar und greifbar ist. Dieser Leib ist der Sitz unserer Organ- und Gewebesysteme. Über ihn sind wir mit der materiellen Welt und ihren Energiequellen verbunden, die ihn unmittelbar und spürbar beeinflussen: Wenn wir Hunger haben, dann essen wir und fühlen uns daraufhin satt, wenn wir Durst haben, dann trinken wir, und der Durst verschwindet, wenn wir uns verspannt fühlen, dann dehnen und strecken wir uns, usw.

Ohne es zu hinterfragen, gehen wir zum Arzt, wenn diesem Körper etwas fehlt. Leider verbringen die meisten Menschen heute einen großen Teil ihrer Lebenszeit mit geistiger Arbeit und Beschäftigung, und so haben viele den unmittelbaren Kontakt, die Feedbackschleife, mit ihrem Körper verloren. Nahrungsmittel werden eher nach der Verpackung ausgewählt als nach den Bedürfnissen des Körpers, der Film wird zu Ende geschaut, obwohl der Körper eigentlich schon längst Schlaf benötigt. Krankheiten oder Verletzungen kommen scheinbar aus heiterem Himmel. Tatsächlich ist es aber so, dass viele der feineren Signale einfach nicht (mehr) wahrgenommen werden: der leicht wattige Kopf oder schlechte Schlaf, häufige banale Infekte oder eine Neigung zu schlechter Verdauung. Oftmals nehmen wir diese leisen Warnsignale einfach hin, und auch die Schulmediziner tun sie ab, solange die Blutwerte innerhalb der festgelegten Normen liegen. Dabei ist der Moment, Körper und Geist in die für tatsächliche Gesundheit nötige Balance zu bringen, jetzt!

Glücklicherweise haben wir mit der Rute ein wunderbares Instrument an und wortwörtlich in der Hand, um diese leicht zu überhörenden Signale wahrzunehmen und das natürliche Wissen um unsere körperlichen Bedürfnisse wieder zu nutzen.

Lebensmittel

Über Jahrhunderte und Jahrtausende war die wichtigste Frage rund um unsere Nahrung eine einfache: genug oder nicht genug? Seit Einzug der intensiven Landwirtschaft und ihren enormen Ertragssteigerungen sowie der industriellen Lebensmittelverarbeitung müssen sich in unseren Breiten nur noch wenige die Frage nach der Quantität stellen. Ein umso größeres Thema ist heute die Qualität. Kaum ein Jahr vergeht, ohne dass neue Ernährungsempfehlungen ausgegeben werden: Esst Kohlenhydrate, meidet Fett … esst Fett, meidet Kohlenhydrate … esst nur diese bestimmten Kohlenhydrate und Fette. Es ist leicht nachzuvollziehen, dass Fertigkekse oder Tiefkühlgerichte mit ihren langen Listen an Inhaltsstoffen keine optimale Kost sind, aber dennoch schmecken sie manchmal gut, und um frisch zu kochen, fehlen vielleicht Zeit oder Können. Die ersten Schritte zu gesunder Ernährung sind in jedem Fall, frische, unverarbeitete, biologisch angebaute, regionale Produkte zu bevorzugen und diese selbst zu verarbeiten.

Aber selbst wenn Zeit und Können vorhanden sind, ist die Qualität der angebotenen Zutaten nicht einfach abzuschätzen. Wie gesund ist eine niederländische Treibhaustomate? Kaufe ich besser gespritzte Kartoffeln vom Bauern aus dem Nachbarort oder Biokartoffeln aus Ägypten? Frische Heidelbeeren aus Peru oder tiefgekühlte aus Europa? Die kleine Bäckerei wird unter Umständen mit denselben Brötchenrohlingen beliefert wie die Tankstelle. Ein Biosiegel bedeutet nicht, dass nicht doch Schadstoffe enthalten sind.

Manche dieser Fragen lassen sich auf konventionelle Art nicht beantworten. Offizielle Testungen wie durch Stiftung Warentest oder Ökotest sind nur Stichproben. Mithilfe der Rute können wir jedoch jederzeit die tatsächliche Qualität der Lebensmittel oder Grundzutaten abfragen und obendrein unseren persönlichen Bedarf und die Verträglichkeit des Produkts. Insbesondere Menschen mit Allergien oder Neurodermitis kann die Rute das Leben sehr erleichtern.

TIPP: Nicht jeder hat das Selbstvertrauen, im Supermarkt die Einhandrute auszupacken. Um Produkte unauffällig zu testen, bietet sich der kinesiologische Fingertest oder das Arm- bzw. Körperpendel an.

Vorgehen:
Egal, ob Sie Rute, Pendel oder Ihren Körper benutzen, beginnen Sie das Austesten, indem Sie das Produkt in die Hand nehmen oder ihre Antennenhand darüberhalten. Es kann sogar ausreichen, das Produkt anzuschauen. Überlegen Sie sich die Frage, die Sie stellen möchten. Natürlich können Sie auch testen, ohne eine Frage zu stellen. Dann wird Ihnen die Rute anzeigen, wie viel Vitalenergie das Lebensmittel hat.

Beispiele für Fragen, die Sie stellen können:

- »Ist dieses Produkt gut für mich?«
- »Sollte ich von diesem Produkt mehr essen?«
- »Enthält dieses Produkt Vitalstoffe, die ich benötige?«
- »Ist dieses Produkt mit Schadstoffen irgendeiner Art belastet?«
- »Ist dieses Produkt unverträglich für mich?«

Halten Sie Ihre Rute locker in der anderen Hand, und warten Sie auf die Antwort. Auf diese Fragen sollten Sie ein klares Ja oder Nein bekommen. Stellen Sie keine Frage, dann sollte die Rute kreisen.

Im nächsten Schritt können Sie, wenn Sie möchten, die Art der Vitalstoffe oder Schadstoffe sowie die enthaltenen Mengen abfragen oder den Grad der industriellen Verarbeitung, indem Sie mental Prozentwerte hochzählen oder eine Tabelle wie den Biometer benutzen.

Ernährung

Wie im letzten Abschnitt bereits erwähnt, gibt es verschiedene offizielle Empfehlungen, wie wir uns am besten und gesündesten ernähren sollten, und viele davon widersprechen einander. Es gibt nicht eine Richtlinie, die für alle gültig ist, sondern wir müssen unseren persönlichen Bedarf herausfinden. Sie wissen jetzt bereits, wie Sie die Produkte selbst auf ihre Vitalstoffe und enthaltenenen Schadstoffe untersuchen können. Nun nähern wir uns der für uns gesunden Ernährung von der anderen Seite, indem wir nicht das Produkt, sondern uns selbst und unsere individuellen Bedürfnisse austesten. Da diese Bedürfnisse je nach Gesundheitszustand, Lebensgewohnheiten, Alter und sogar Jahreszeit unterschiedlich sein können, ist es sinnvoll, sich nicht nur die erhaltenen Antworten aufzuschreiben, sondern auch das Datum und andere Umständen, und die Fragen immer wieder einmal zu wiederholen und die Ergebnisse zu vergleichen.

Vorgehen:
Diese Testung können Sie für sich selbst oder für eine andere Person vornehmen.

TIPP: Wenn es Ihnen schwerfällt, sich die einzelnen Ernährungsweisen (Rohkost, vegetarisch, vegan, Paleo-Diät, Blutgruppendiät, Ayurveda mit seinen unterschiedlichen Ernährungstypen usw.) oder Lebensmittelgruppen vorzustellen oder wenn Sie die lange Liste an Ernährungsformen eingrenzen möchten, dann schreiben Sie sich Zettel oder machen Sie eine Tabelle, an deren Zeilen Sie den Finger als Antenne legen können.

Überlegen Sie sich die Frage, die Sie stellen möchten. Halten Sie die Frage im Geist, oder benutzen Sie einen Stellvertreter in Form eines Zettels oder einer Auflistung. Wenn Sie testen, ohne eine Frage zu stellen, dann wird Ihnen die Rute lediglich anzeigen, wie viel Vitalenergie die jeweilige Ernährungsform oder Lebensmittelgruppe hat, aber nicht, wie geeignet diese für Sie ist. Behalten Sie also ein »für mich« im Kopf, wenn Sie keine ausformulierte Frage stellen möchten.

Beispiele für Fragen, die Sie stellen können:

»Nehme ich genügend Frischkost zu mir?«
»Ist der Anteil an verarbeiteten Lebensmitteln in meiner Ernährung zu hoch?«
»Würde es mir guttun, mehr Vollwertkost zu mir zu nehmen?«
»Würde es meinem Körper guttun, auf Fleisch/Milchprodukte/… zu verzichten?«

ERNÄHRUNGSFORMEN

- Ayurveda
- Basische Ernährung
- Blutgruppendiät
- Clean Eating
- Detox-Kur
- Flexitarismus
- Fünf-Elemente-Küche (TCM)
- Intervallfasten
- Low Carb
- Mediterrane Ernährung
- Mischkost
- Paleo-Diät
- Rohkost
- Slow Food
- Trennkost
- Veganismus
- Vegetarismus
- Vollwertkost

- »Benötigt mein Körper mehr Proteine/Vitamine/Mineralstoffe/…?«
- »Benötigt mein Körper regelmäßige warme Mahlzeiten? Rohkost?«
- »Benötigt mein Körper bittere/saure/süße/scharfe/salzige Kost?«
- »Habe ich einen Mangel an Vitamin A/B6/B12/C/…?«

Nachdem Sie mit verschiedenen Ja-/Nein-Fragen die für Sie optimale Ernährung eingekreist haben, können Sie nun Ihren genauen Bedarf ermitteln. Nutzen Sie hierfür eine Tabelle, oder fragen Sie die Mengen direkt ab. Vergessen Sie nicht, dass dies Momentaufnahmen sind! Der Salat, der Ihnen heute guttut, tut es morgen vielleicht nicht.

Beispiele für Fragen, die Sie stellen können:

- »Um so gesund und fit wie möglich zu sein, wie viel Wasser muss ich trinken: einen Liter? Zwei?«
- »Wie viele Portionen Salat/Proteine sind gut für mich: eine/zwei/drei...?«
- »Wie hoch ist mein Bedarf an Vitamin A/B6/B12/C/…?«
- »Benötige ich eine höhere Dosis an Vitamin A/B6/B12/C/…?«

Natürlich können Sie auch Ihren Bedarf und die eventuell zusätzlich benötigte Form von Nahrungsergänzungsmitteln jeder Art abfragen. Testen Sie sich, vielleicht anhand eines Katalogs oder einer Liste der Präparatnamen, durch verschiedene Angebote hindurch. Nahrungsergänzungsmittel unterscheiden sich stark in ihrer Qualität, und es macht definitiv einen Unterschied, ob sie einer natürlichen Quelle entstammen oder synthetisch hergestellt wurden.

Genauso können Sie während einer Mahlzeit fragen, ob Sie die zweite (oder dritte) Portion oder den Nachtisch noch essen sollten. Setzen Sie sich aber nicht unter Druck. Die Arbeit mit der Rute soll Ihnen helfen, zu einer gesünderen Lebensweise zu finden, und nicht zusätzlichen Stress bereiten.

Und: Nicht nur das Was ist wichtig, sondern auch das Wann und das Wieviel. Fragen Sie nach Portionsgrößen, der Anzahl der für Sie optimalen Mahlzeiten, dem Abstand zwischen den Mahlzeiten und den optimalen Uhrzeiten. Jeder Mensch funktioniert anders.

Genussmittel

Als Genussmittel bezeichnet man Nahrungsmittel, die der Körper nicht benötigt, die also nicht zum Erhalt des Lebens konsumiert werden, sondern, weil sie schmecken oder ein emotionales Bedürfnis stillen. Wenn wir uns weitgehend gesund ernähren und unser Körper gut versorgt ist und keine Defizite hat, dann dürfen wir uns den einen oder anderen Genuss sorglos erlauben.

Gerade wenn Sie beginnen, sich näher mit Ihrer Lebensweise zu beschäftigen, dann kann es sinnvoll sein, einmal Ihren Konsum von Genussmitteln zu beleuchten. Dies trifft umso mehr zu, wenn bereits diffuse oder sogar konkrete Gesundheitsstörungen vorliegen. Alle gängigen Genussmittel haben übrigens das Potenzial, süchtig zu machen!

Zu den verbreitetsten Genussmitteln gehören:

- Weißer Zucker
- Tabak
- Kaffee
- Alkohol

ZUCKER

Zucker, früher selten verfügbar und wenn, dann zumeist in Form von Honig, ist das vermutlich am weitesten verbreitete Genussmittel und auch das am schwierigsten zu meidende. Süßigkeiten sind vom frühen Kindesalter an Belohnung und Geschenk, gehören zu Ostern und Weihnachten genauso wie zur Geburtstagsfeier. Leider findet sich Zucker nicht nur in ausdrücklichen Süßigkeiten und Softdrinks, sondern auch in Lebensmitteln, in denen man ihn nicht vermutet: in Ketchup, Gewürzgurken, Wurstaufschnitt oder Toast.

TIPP: Wenn Sie Lebensmittel testen, dann fragen Sie auch nach dem Zuckergehalt!

Zucker ist ein hervorragender Energielieferant, der uns schnell einen Schub geben kann. Insbesondere die Hochleistungszellen des Gehirns und die Nervenzellen sind auf Traubenzucker (Glukose) angewiesen: Nicht von ungefähr werden Süßigkeiten auch »Nervennahrung« genannt. Leider füttert Zucker zwar die Nerven, enthält aber in seiner raffinierten, weißen Form keinerlei Mineralstoffe, Vitamine oder Ballaststoffe und fungiert, längerfristig gesehen, sogar als Energieräuber. Übermäßiger Zuckerkonsum führt nicht nur zu Karies und Übergewicht, das seinerseits verschiedene Gesundheitsprobleme verursachen kann, sondern auch zu Störungen des Kohlenhydratstoffwechsels in Form von Insulinresistenz (der Körper reagiert nicht mehr auf das vorhandene Insulin) und Diabetes (der Körper verliert die Fähigkeit zur Insulinproduktion). Früher Altersdiabetes genannt, erkranken mittlerweile schon Jugendliche an dieser Form der Zuckerkrankheit. Der gern als vermeintlich harmloser Ersatz verwendete Fruchtzucker (Fruktose) ist inzwischen als leberschädigend in Verruf geraten, ebenso wie andere Zuckerersatzstoffe (sogenannte Süßstoffe). Der beste Weg ist hier Achtsamkeit, d.h., zunächst einmal die versteckten Zuckerquellen zu identifizieren und dann bewusst zu reduzieren. Ein zeitlich begrenztes »Zuckerfasten« kann nahezu Wunder bewirken, verliert man nach gar nicht allzu langer Zeit doch bereits den Geschmack an übersüßten Produkten.

Aber: Auch in den Zustand der Hypoglykämie, des Unterzuckers, sollte man nicht geraten. Er äußert sich durch Symptome wie Übelkeit und/oder Erbrechen, Zittern, Schweißausbrüche, Kopfschmerzen, Schwäche, Nervosität oder Zittrigkeit. Testen Sie Zucker in einem solchen Zustand, so wird die Rute sicherlich mit einer Rechtsdrehung antworten.

TABAK

Tabak, die getrockneten und verarbeiteten Blätter der Tabakpflanze, wird seit jeher in seiner südamerikanischen Heimat im Rahmen spiritueller Handlungen und Rituale als Halluzinogen, zur Kommunikation mit den Göttern sowie als Dankesgabe verwendet. Auch als Arzneimittel wurde er eingesetzt, u.a. gegen Ohren- und Kopfschmerzen, bei Schlangenbissen, nervösen Störungen oder Fieber. Von Kolumbus nach Europa gebracht, wandelte sich der Status des Tabaks schnell von heiliger Pflanze zu Genussmittel. Heute wird er hauptsächlich in Form von Zigaretten und Zigarren konsumiert. Die gesundheitlichen Folgen, die langjähriger, regelmäßiger Tabakkonsum nach sich zieht, sind bekannt und belegt. Sie reichen von frühzeitiger Alterung über Durchblutungsstörungen und Herzerkrankungen bis hin zu verschiedenen Krebsarten.

Befragen Sie die Rute, um Ihr persönliches Risiko abzuschätzen. Manche der positiven Effekte (wie Nervenberuhigung oder -stimulierung, Appetithemmung und Steigerung der Wahrnehmungsfähigkeit) können auf andere Weise erreicht werden.

Übrigens: Das homöopathische Tabacum kann bei Übelkeit, Schwäche und Durchblutungsstörungen der Extremitäten helfen.

KAFFEE

Die anregende Wirkung des ursprünglich aus Afrika stammenden Kaffees beruht auf seinem Gehalt an Koffein. Dieses wirkt auf verschiedene Organsysteme wie Großhirn, Atemzentrum, Kreislauf und Nieren. Koffein hebt die Stimmung, steigert den Antrieb und die Konzentrationsfähigkeit, erhöht Puls und Atemfrequenz und wirkt entwässernd. Neben Koffein enthält Kaffee noch viele weitere Inhaltsstoffe, darunter Antioxidantien, die das Krebsrisiko senken können. An dieser Stelle muss erwähnt werden, dass Koffein zumindest von jüngeren Menschen inzwischen häufiger in Form von sogenannten Energydrinks konsumiert wird, die neben dem Koffein viel Zucker und andere Aufputschmittel enthalten, aber keine der gesundheitsförderlichen Inhaltsstoffe des Kaffees. Die negativen Effekte übermäßigen Koffeinkonsums sind Unruhezustände, Zittrigkeit und Schlaflosigkeit. Bei regelmäßigem Genuss tritt außerdem eine Gewöhnung ein. Bei allen Gesundheitsstörungen, die mit Anregungszuständen einhergehen (wie Bluthochdruck oder Angststörungen), sollte Kaffee (bzw. Koffein) vermieden werden.

In der Literatur wird normalerweise angegeben, dass drei bis vier Tassen Kaffee gesundheitsförderlich sind. Ihre ideale Dosis können Sie mithilfe der Rute ermitteln. Fragen Sie unbedingt auch nach der Sorte, denn die Sorten werden nicht nur in unterschiedlichen Regionen angebaut, sondern auch unter verschiedenen Bedingungen verarbeitet und gehandelt. Testen Sie zudem die für Sie optimale Zubereitungsart und Tageszeit.

Übrigens: Das homöopathische Mittel Coffea ist angezeigt bei allen Störungen, die sich wie eine Übermenge Kaffee auswirken.

ALKOHOL

Die Herstellung alkoholischer Getränke – Bieren und Weinen – mithilfe von Wildhefen, die den Zucker der Grundsubstanz zu Alkohol vergären, reicht zurück bis in prähistorische Zeiten. Nicht nur die alten Römer und Griechen verehrten einen eigenen Gott des Weins, auch den Germanen galt der Met (Honigwein) als Geschenk der Götter. In der Tat war lange Zeit ein dünnes Bier oder ein verdünnter Wein ein geläufigeres Getränk als pures Wasser, das wegen möglicher Verunreinigungen gemieden wurde. Schon früh stand die Rauschwirkung im Vordergrund, und in der Tat sind auch Tiere nicht abgeneigt, vergorene Früchte im Übermaß zu fressen. Die negativen Nebenwirkungen des Konsums von Spirituosen sind vielfältig: Das im Alkohol enthaltene Ethanol wirkt als Zell- und Nervengift auf das zentrale und das periphere Nervensystem, die Leber und andere Organe und ist immer gesundheitsschädlich. Die Risikogrenze liegt bei 20 g reinen Alkohols für Frauen (0,2 l Wein, 0,5 l Bier) und 40 g für Männer (0,4 l Wein, 1 l Bier). Alkohol macht körperlich und psychisch abhängig und fördert die Entstehung verschiedener Krebsarten.

Nichtsdestotrotz ist Bier ein Nahrungsmittel, das reich an Vitalstoffen ist, und auch dem Wein mit seiner Vielzahl an Antioxidantien werden gesundheitsförderliche Eigenschaften zugesprochen.

Befragen Sie die Rute, ab welcher Menge und Regelmäßigkeit bei Ihnen negative Effekte auftreten.

Übrigens: Während Bachblüten auch in reinem Wasser oder mit Essig angesetzt werden können, enthalten homöopathische Tropfen immer Alkohol. Auch viele Heilpflanzenpräparate werden als alkoholische Tinktur angeboten, nicht nur, weil Alkohol konserviert, sondern, weil in ihm die meisten Inhaltsstoffe gelöst werden können.

Fazit: Keines der Genussmittel ist im Normalfall äußerst gesund. Bei den meisten Menschen wird auf die Frage, ob dieses oder jenes bekömmlich ist oder ob es konsumiert werden sollte, ein Nein als Antwort kommen. Allerdings gibt es Ausnahmen, und wie bei anderen Lebensmitteln auch macht die Dosis das Gift. Fragen Sie deshalb besser ausdrücklich nach Ihrer momentanen Situation und nach der Menge, die Sie jetzt unbeschadet konsumieren können.

Toxic Load

Seit Beginn des industriellen Zeitalters und insbesondere seit der Erfindung der Kunststoffe in all ihren Formen und Anwendungen – von der Plastiktüte bis zum Farbstoff – ist die Umwelt zunehmend mit Chemikalien belastet. Diese finden sich nicht nur in Form von im Wald entsorgtem Müll, sondern, was noch viel bedenklicher ist, als Schwermetalle, Medikamentenrückstände, Pestizide und Mikroplastik im Grundwasser, in der Erde, in der Luft, im Essen und in unseren Körpern, wo sie sich anreichern und die verschiedensten Schäden anrichten. Diese Schadstoffmenge bezeichnet man als »Toxic Load«. Als Folge ist bei vielen Menschen das Hormonsystem gestört, die Leber kommt mit der Entgiftung nicht mehr hinterher, und die Aufnahmefähigkeit für Vitalstoffe ist empfindlich gestört. Umso wichtiger ist es, die Menge an Giftstoffen, denen wir täglich ausgesetzt sind, so weit wie möglich zu verringern. Die wenigsten werden die Möglichkeit haben, Wasser und Luft zu filtern oder aus dem Ballungsraum aufs Land zu ziehen.

Worauf Sie aber achten können, für sich selbst wie für unsere Umwelt:

- Biologisch angebaute, also möglichst ungespritzte Obst- und Gemüsesorten bevorzugen
- Biologisch abbaubare Körperpflegeprodukte, Wasch- und Putzmittel verwenden, die keine Parfüme, Weichmacher und Erdölderivate enthalten
- Auf Sprays jeglicher Art möglichst verzichten
- Künstliche Beduftung vermeiden, egal, ob WC-Stein oder Raumlufterfrischer
- Medikamente, die nicht mehr benötigt werden, nicht in die Kanalisation entsorgen
- Nicht aus Plastikflaschen oder -bechern trinken, keine heißen Flüssigkeiten oder heißes Essen in Plastikbehälter füllen
- Beim Waschen von Kunststoffkleidung spezielle Netze verwenden, die verhindern, dass Mikroplastik ins Wasser gerät
- Kleidung aus natürlichen Fasern bevorzugen

Und natürlich können Sie mit Ihrer Rute jedes Produkt vor dem Kauf auf seine Belastung hin testen!

Beispiele für Fragen, die Sie stellen können:

»Ist dieses Produkt/diese Substanz in dem Maß, wie ich es verwende/konsumiere, schädlich für meinen Körper?«

»Kann ich dieses Produkt/diese Substanz ohne Bedenken weiter verwenden/konsumieren?«

»Ist es giftig?«

»Ist es krebserregend?«

Des Weiteren können Sie Ihren Körper auf seinen schon bestehenden Toxic Load hin befragen:

»Befinden sich in meinem Körper so viele Schadstoffe, dass es mich und meine Gesundheit beeinträchtigt?«

»Werden irgendwelche meiner Gesundheitsprobleme durch Schadstoffe hervorgerufen?«

»Finden sich in meinem Körper momentan bedenkliche Mengen von Schwermetallen?«

»Täte es meinem Körper gut, eine Entgiftung durchzuführen?«

Säure-Basen-Gleichgewicht

Als Säure-Basen-Haushalt werden die physiologischen Regelvorgänge bezeichnet, die den pH-Wert des Bluts sowie des Zellplasmas konstant halten. Der natürliche und ideale pH-Wert liegt zwischen 7,35 und 7,45, also im neutralen Bereich. Liegt der pH-Wert über 7,45, spricht man von einer Alkalose, unter 7,35 von einer Azidose.

DER PH-WERT

Der pH-Wert gibt mit Werten zwischen 0 und 14, vereinfacht gesagt, die Menge der Wasserstoff-Ionen in einer Lösung an. Je kleiner der pH-Wert, desto saurer ist die Lösung, und je größer der pH-Wert, desto basischer ist sie. Ein Wert um 7 gilt als neutral.

Der Körper reguliert seinen Säure-Basen-Haushalt über die Lunge durch Abatmung von CO_2 und durch Ausscheidung über die Nieren. Im Blut selbst helfen verschiedene Puffersubstanzen, den pH-Wert stabil zu halten. Azidosen, also eine Übersäuerung des Körpers, können auftreten, wenn die Lungenfunktion beeinträchtigt ist (respiratorische Azidose) oder der Stoffwechsel z. B. durch Diabetes, Alkoholismus oder Nierenschwäche gestört ist (metabolische Azidose). Sie stellen eine schwerwiegende Gesundheitsstörung dar. Viel häufiger als solche krankheitsbedingten Übersäuerungszustände ist allerdings die latente Azidose, die meist durch Fehlernährung ausgelöst wird. Auch diese wirkt gesundheitsschädlich und wird für eine Vielzahl von diffusen Befindlichkeitsstörungen verantwortlich gemacht, darunter Infektanfälligkeit, Muskel- und Gelenkschmerzen bis hin zu Arthrose, Haarausfall, Müdigkeit, Allergien und Osteoporose.

GEGENSÄTZLICHE ZUORDNUNGEN

Säuren	Basen
Azidose	Alkalose
Farbe: Rot	Farbe: Blau
Temperatur steigt	Temperatur fällt
Energieüberschuss	Energiemangel
Sympathiktoniker	Vagotoniker

Zu den am häufigsten konsumierten Säurebildnern gehören Kaffee, Zucker, Nikotin und Alkohol – die oben genannten Genussmittel –, aber auch Getreide, Fleisch und Fertiggerichte. Zudem führen Stress und andere psychische Belastungen zu einer Übersäuerung des Körpers. Um den pH-Wert im Körper zu korrigieren, ist es wichtig, die genannten Nahrungsmittel zu meiden und basenbildende zu bevorzugen. Zu diesen gehören frisches Obst und Gemüse inklusive Kartoffeln, Pilze sowie Kräutertees und stilles Mineralwasser. Milch und Milchprodukte gelten als neutral.

Beachten Sie, dass ein saurer Geschmack nicht heißen muss, dass das Nahrungsmittel im Körper Säuren bildet. Die Zitrone z. B. hat einen pH-Wert von nur 2, ihre Säuren sind aber leicht flüchtig und werden im Körper vollständig abgebaut und abgeatmet.

Im alltäglichen Leben ist es schwierig, immer den Überblick über die Menge der bereits gegessenen Nahrungsmittel zu behalten. Auch ein Ernährungstagebuch zu führen oder sich an einen strikten Ernährungsplan zu halten, bedarf eines hohen Maßes an Disziplin.

Abhilfe kann auch hier die Rute schaffen, denn mit ihr können Sie nicht nur die säure- oder basenbildenden Eigenschaften Ihrer Mahlzeit bestimmen, sondern den Zustand Ihres Körpers abfragen und, womit er positiv beeinflusst werden kann.

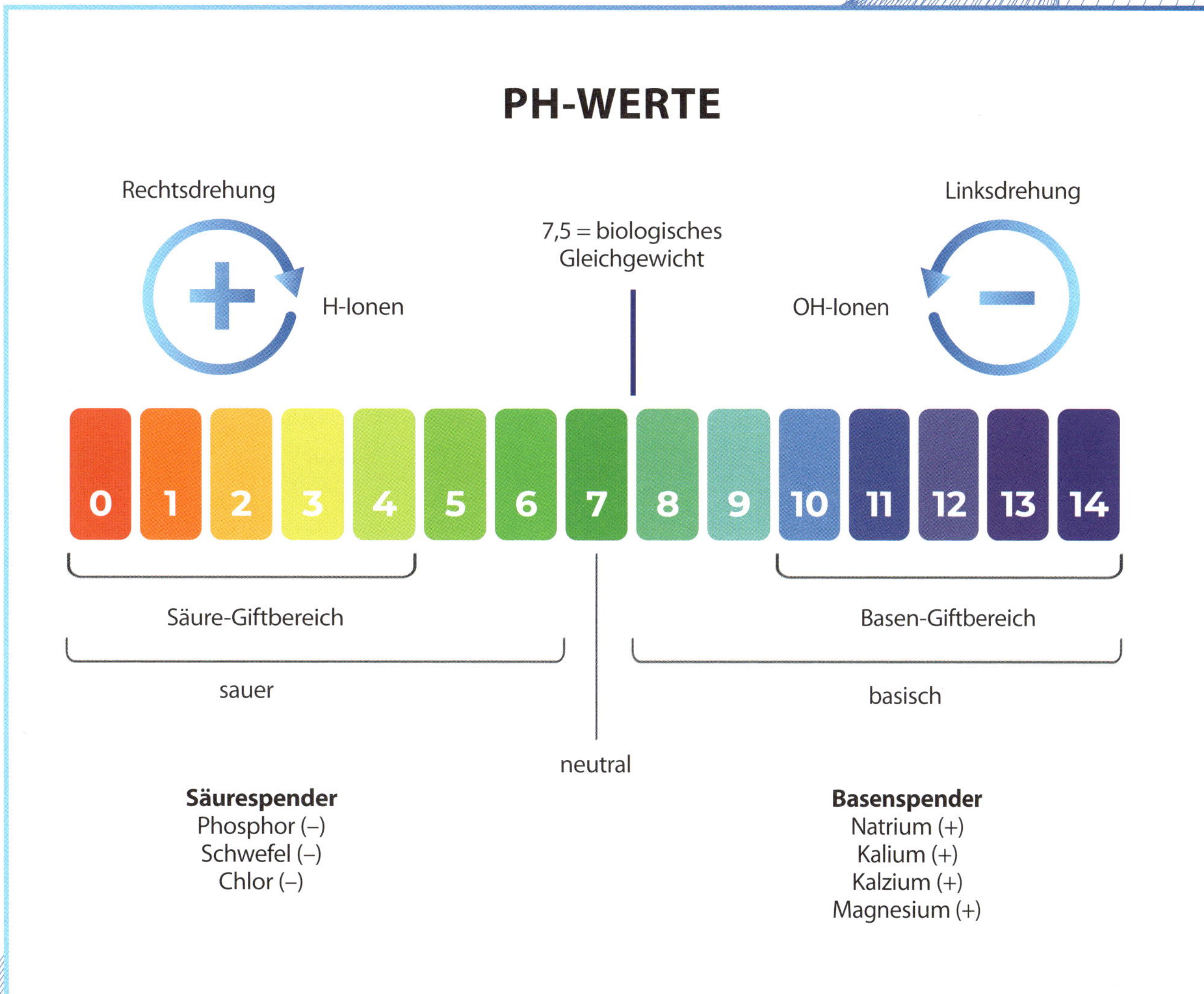

Vorgehen:
Nutzen Sie die nebenstehende Tabelle, um den pH-Wert Ihres Bluts und des Zellplasmas zu bestimmen, indem Sie die Zahlenwerte von unten nach oben prüfen. Dabei können Sie fragen: »Entspricht dieser Wert dem pH-Wert meines Körpers?«

Beispiele für Fragen, die Sie in Bezug auf Ihre Mahlzeiten stellen können:

- »Ist dieses Nahrungsmittel in meinem Körper säurebildend?«
- »Ist dieses Nahrungsmittel in meinem Körper basenbildend?«
- »Hilft dieses Nahrungsmittel, der Übersäuerung meines Körpers entgegenzuwirken?«
- »Wirkt sich dieses Nahrungsmittel positiv und gesundheitsförderlich auf meinen Körper aus?«

Für den Notfall einer starken Übersäuerung kann sich die Nutzung eines Basenprodukts in Form von Natron oder einer fertigen Basenmischung empfehlen. Diese gibt es als Tabletten, Pulver oder Badezusatz.

Schlaf und Sport

Nicht nur, was wir zu uns nehmen (oder eben nicht), hat direkten Einfluss auf unser Wohlbefinden und unsere Gesundheit, sondern auch, ob wir uns körperlich fit halten und entspannen. Das Verhältnis von körperlicher Aktivität und ihrer Kehrseite, der körperlichen wie geistigen Entspannung, muss stimmen. Leider ist es heute so, dass mit dem Eintritt in die Schule nicht nur der Zeitraum, in dem körperliche Aktivität möglich ist, reduziert wird. Durch Stress und Leistungsdruck lässt auch das Vermögen, sich zu entspannen, nach. Dies setzt sich meist im Berufsleben fort. Zu viel geistige Arbeit und zu wenig Bewegung lassen dann oft die Schlafqualität leiden. Folglich greifen wir vielleicht zur Schlaftablette und melden uns im Fitnessstudio an – erwiesen ist aber inzwischen, dass derart erzwungene Bewegung ebenso als Stress empfunden werden kann, und Medikamente ziehen ihren eigenen Rattenschwanz an Konsequenzen nach sich.

Wie viel Schlaf brauchen wir? Noch im Mittelalter war es üblich, in zwei Etappen zu schlafen, einen sogenannten biphasischen Schlaf zu praktizieren. Die Menschen gingen früh, gegen 21 Uhr, zu Bett, wachten gegen Mitternacht für einige Stunden auf – eine Zeit, die für alle möglichen Aktivitäten genutzt wurde – und schliefen dann ein zweites Mal bis zum Morgengrauen. Dieser Schlafrhythmus fand mit dem Einzug der künstlichen Beleuchtung ein Ende und mutet uns heute seltsam an. Nichtsdestotrotz berichten viele Menschen, dass sie nachts aufwachen und häufig länger wach liegen, bis sie wieder einschlafen können. Hinlänglich bekannt sind die Auswirkungen von zu wenig Schlaf, aber regelmäßiges zu langes Schlafen scheint ebenfalls nicht unbedingt förderlich zu sein.

Auch wenn Ihr Schlaf nicht ausdrücklich gestört ist, können Ihre Schlafgewohnheiten suboptimal sein. Dann ist es hilfreich, Ihren persönlichen, aktuellen Bedarf an Schlaf und Ihren Schlaftyp zu ermitteln: Manche Menschen brauchen mehr, manche weniger Schlaf, manche sind »Lerchen« und gern früh wach, manche »Eulen« und bleiben lange auf. Ebenso individuell unterschiedlich sind die optimalen Schlafbedingungen.

Vorgehen:

Diese Fragen können Sie sich selbst stellen oder von einer anderen Person austesten lassen. Konzentrieren Sie sich auf die Frage, und lassen Sie die Rute Ihnen ein Ja oder Nein anzeigen. Nutzen Sie eine Tabelle mit Uhrzeiten und Zeitspannen, um die Antworten zu präzisieren.

Beispiel für Fragen, die Sie stellen können:

»Ist mein Schlaf momentan ausreichend lang und erholsam, um gesund und fit zu bleiben?«

»Gibt es etwas, was ich an meinen Schlafgewohnheiten ändern sollte, um meine Gesundheit zu erhalten/wiederherzustellen?«

»Was ist die optimale Uhrzeit für mich und meine Gesundheit, um ins Bett zu gehen?«

»Wie viele Stunden Schlaf sind für meinen Körper momentan ideal?«

»Ist mein Schlafrhythmus, wie er gerade ist, optimal für meinen Körper?«

»Was stört momentan meinen Schlaf?«

Um die letzte Frage beantworten zu können, müssen Sie sich zunächst Gedanken über ihre Lebensgewohnheiten und -umstände machen. Haben Sie kleine Kinder oder einen alten Hund, dann benötigen Sie die Rute nicht, um herauszufinden, was Sie daran hindert, durchzuschlafen. Bekannt ist inzwischen auch, dass künstliches Licht den Schlaf empfindlich stört, da es die Produktion des Schlafhormons Melatonin unterbindet. Ist es Ihre Gewohnheit, fernzusehen oder auf dem Handy zu spielen, bis Ihnen die Augen zufallen, so kennen Sie den ersten Schritt zu erholsamerem Schlaf bereits.

Störfaktoren, die Sie abfragen können, und ihre mögliche Lösung:

- **Lichtquellen:** Handy, Fernseher, Nachtlicht, Straßenlaternen – versuchen Sie, Ihre Geräte rechtzeitig auszustellen und Rollläden ganz zu schließen.

- **Ernährung und Ernährungsgewohnheiten:** Schwer verdauliches Essen oder zu große und späte Mahlzeiten können den Schlaf ebenso beeinträchtigen wie Unverträglichkeitsreaktionen.

- **Alkohol** mindert die Schlafqualität ebenso wie später als sechs Stunden vor dem Schlafengehen genossener Kaffee, schwarzer Tee oder andere koffeinhaltige Getränke.

- **Temperatur:** Insbesondere, wenn das Schlafzimmer noch zu anderen Zwecken genutzt wird, weil z.B. hier der Schreibtisch steht, kann es sein, dass es für erholsamen Schlaf einfach zu warm ist. Überprüfen Sie Ihre Temperaturbedürfnisse!

- **Bett und Bettzeug:** Liegen Sie gut? Hat die Matratze die richtige Härte und das Kopfkissen die richtige Höhe? Je nach Schlafposition wird ein anderes Kissen benötigt. Wie die Raumtemperatur beeinflusst auch die Wärmeklasse der Decke Ihr Wohlbefinden. Nicht zu unterschätzen ist das Material. Neigen Sie dazu, nachts zu schwitzen, dann empfiehlt es sich, Kunstfasern und auch Baumwolle aus dem Bett zu verbannen und auf Bambusfasern oder Wolle umzusteigen, die Feuchtigkeit ableiten, ohne das Bett oder die Bettwäsche klamm werden zu lassen.

- **Elektromagnetische Strahlung und Elektrosmog:** Viele Menschen reagieren empfindlich auf elektrische Geräte in ihrer Nähe. Schirmen Sie ab, was Sie nicht aus der Bettnähe entfernen können. Verwenden Sie möglichst keine kabellosen Kopfhörer oder Freisprechanlagen.

- **Geopathischer Stress:** Steht Ihr Bett in einer Reiz- oder Störzone, z.B. auf einer Wasserader, kann dies Ihren Schlaf stören und überdies zu Krankheiten führen.

- **Lärm:** Nachbars Party ist hoffentlich ein gelegentliches Vorkommnis, ebenso störend können aber auch Geräusche sein, die Sie bewusst nicht als laut oder unangenehm empfinden, z.B. der Fernseher aus dem Nebenraum, ein älterer Kühlschrank, der bellende Hund, Flug- und Verkehrslärm oder häufig schlagende Autotüren.

- **Körperliche Beschwerden:** Akute und chronische Schmerzzustände, Verspannungen, Verdauungsprobleme, Asthma, aber auch ein banaler Husten und viele andere Gesundheitsbeschwerden können den Schlaf beeinträchtigen.

- **Emotionaler oder mentaler Stress:** Kreisende Gedanken, Sorgen, Problemewälzen – all dies kann dazu führen, dass Sie nicht abschalten und somit einschlafen können. Wenn Sie Glück haben, ist die Prüfung bald erfolgreich bestanden oder das Problem gelöst. Neigen Sie jedoch dazu, Ihre Sorgen immer mit ins Bett zu nehmen, so kann ein Entspannungskurs oder regelmäßige Meditation hilfreich sein.

Diese Liste können Sie weiter fortsetzen und präzisieren. So haben Sie vielleicht das optimale Bettzeug, aber gehören zu den Menschen, die in anregendem Rot keine Ruhe finden. Tasten Sie sich an Ihre Wahrheit heran.

Genauso wichtig wie Schlaf ist das richtige Maß an gesunder Bewegung. Sport stärkt nicht nur Muskeln und Knochen, sondern auch Herz und Kreislauf sowie das Immunsystem. Er hält beweglich und flexibel, bewirkt eine Verbesserung der Verdauung und die Ausschüttung von Endorphinen, körpereigenen Glückshormonen. Aber genauso, wie nicht jeder dasselbe Bedürfnis an Nährstoffen und Vitaminen hat, profitiert nicht jeder von derselben Sportart und Trainingsintensität.

Vorgehen:
Wenn Sie schon eine oder mehrere Sportarten betreiben, dann beginnen Sie, diese auf ihre Eignung, die Trainingsfrequenz und -intensität hin zu untersuchen. Wenn Sie bislang keinen Sport machen oder weitere Aktivitäten in Ihren Alltag einbauen möchten, dann stellen Sie sich eine Liste verschiedener Sportarten zusammen und fragen diese nacheinander ab. Verwenden Sie außerdem eine Tabelle mit Zeiteinheiten und -intervallen, um die Antworten sinnvoll einzugrenzen.

Bedenken Sie, dass eine Sportart, die vielleicht körperlich ideal ist, Ihnen aber gar keinen Spaß macht, insgesamt nicht für Sie geeignet ist, während Sie andersherum Nutzen aus einer weniger geeigneten Sportart ziehen können, wenn Sie diese leidenschaftlich betreiben.

Leiden Sie unter körperlichen Beeinträchtigungen wie einer Verletzung oder einem Infekt, dann fragen Sie ab, ab wann und in welcher Intensität Sie welche Sportart trotzdem – oder wieder – ausüben können.

Beispiele für Fragen, die Sie stellen können:

»Wie viele Trainingseinheiten pro Woche sind ideal, um meine körperliche Fitness und Gesundheit zu erhalten/wiederherzustellen?«

»Wie lange sollte eine Trainingseinheit dauern?«

»Ist die Art von Sport, die ich momentan betreibe, die ideale für mich?«

»Wenn nicht, wie oft und wie lange sollte ich sie ausüben, damit ich trotzdem von ihr profitiere?«

»Welches Training benötige ich, um mich optimal fit zu halten: Muskelaufbau? Flexibilität? Aerobes Training?«

»In Anbetracht meiner jetzigen Gesundheitssituation, wie lange sollte ich das Training aussetzen?«

Allergien

Bei einer Allergie reagiert das körpereigene Immunsystem auf nichtinfektiöse, also eigentlich harmlose Fremdstoffe (Allergene) und löst dadurch, je nach Allergietyp, lokale oder systemische Symptome aus. Zu den häufigsten gehören Hautreaktionen (Kontaktekzem, Nesselsucht), allergischer Schnupfen (Heuschnupfen) und das allergische Asthma, der anaphylaktische Schock oder die Abstoßung von Transplantaten. Davon abzugrenzen sind Nahrungsmittelunverträglichkeiten, die zumeist dadurch entstehen, dass der Körper ein bestimmtes zum Abbau nötiges Enzym nicht oder nicht mehr in ausreichendem Maß zur Verfügung stellen kann (z. B. bei der Laktoseintoleranz das Enzym Laktase, das Milchzucker abbaut).

Da wir tagtäglich mit einer Vielzahl von Substanzen in Kontakt kommen, sowohl äußerlich als auch innerlich, und die standardisierten Testsubstanzen, die für einen Allergietest verwendet werden, nicht immer diejenigen widerspiegeln, denen wir tatsächlich ausgesetzt sind, kann es schwierig sein, die Auslöser unserer Symptome ausfindig zu machen.

Generell ist es möglich, gegen fast alles allergisch zu sein. So gibt es Arzneimittelallergien (z. B. Penicillin, Kontrastmittel), Nahrungsmittelallergien (Erdnuss, Schalentiere), Hausstaub-, Pollen-, Tierhaar- und Insektengiftallergien, Allergien gegen Latex, Nickel oder Schimmelpilze.

Vorgehen:
Zum Austesten Ihrer Allergene fertigen Sie am besten eine Liste aller infrage kommenden Substanzen an. Vielleicht können Sie diese im Vorfeld schon auf einige einkreisen, je nachdem, welche Symptome auftreten und wann. So sind z. B. Pollenallergien typischerweise saisonal, während Hausstauballergien ganzjährig auftreten, aber nachts stärkere Symptome zeigen können. Lassen Sie die Rute mit Ja oder Nein antworten, und achten Sie auch auf die Schnelligkeit und Intensität des Ausschlags. Natürlich können Sie auch hier mit Fragen arbeiten, die Sie nach und nach präzisieren.

Beispiele für Fragen, die Sie stellen können:

»Liegt bei mir eine Metallallergie/Nickelallergie/… vor?«

»Wie hoch ist die Belastung in Prozent?«

Bedenken Sie, dass manche Allergien sehr spezifisch sind. Insbesondere bei Tierhaarallergien ist es möglich, gegen die eigene Katze allergisch zu sein, aber nicht gegen die des Nachbarn.

Zellschwingung

Lange bevor eine gesundheitliche Störung sich als Krankheit manifestiert und im Blutbild sichtbar wird, kündigt sie sich durch Veränderungen in der Zellschwingung an. Manche Menschen haben ein gutes Körpergefühl und einen ausgeprägten Sinn für die feinen Schwankungen, die durch das Auftreten eines Ungleichgewichts entstehen. Jeder, der schon einmal mit einem Gefühl von »Irgendetwas stimmt nicht!« zu einem Arzt gegangen ist, weiß, was nun passiert. Nur zu oft stellt sich später heraus, dass eben dieses Gefühl der Vorbote einer vielleicht ernsthaften Erkrankung war. Der Grund für eine sich auf diese Weise schleichend entwickelnde Gesundheitsstörung liegt oftmals in z. B. einer sich akkumulierenden Schadstoff- oder Strahlenbelastung, der Übersäuerung des Körpers, chronischem Stress und psychischem Druck oder Vitalstoffmangel. In dem Maße, wie die Belastung zunimmt, nimmt die Zellenergie und damit die zelluläre Schwingung ab. Dies ist mithilfe der Rute gut nachvollziehbar.

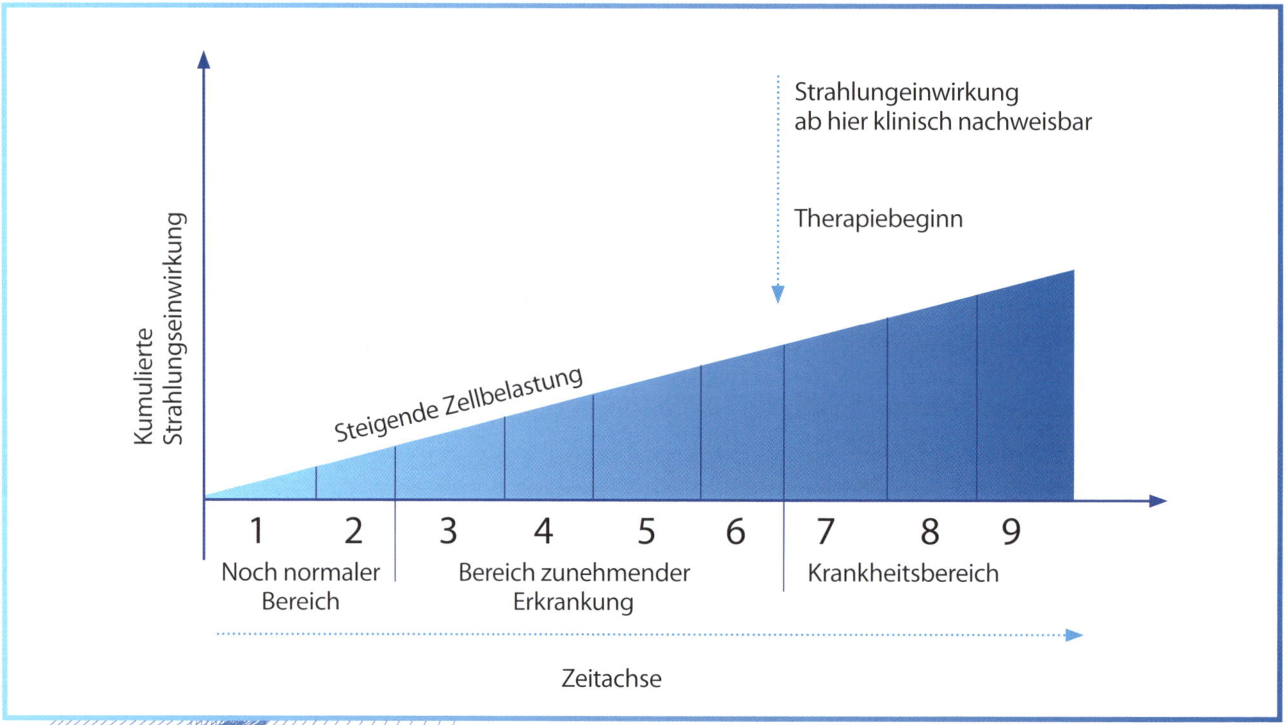

Die Felder auf der Zeitachse zeigen die Stadien der Zellbelastung und ihre Auswirkung:

1 ohne erkennbare Symptome einer Krankheit
2 erkennbare Disposition zur Erkrankung
3 diffuse Beschwerden, klinisch nicht fassbar
4 Beschwerden, klinisch nicht fassbar
5 Beschwerden, klinisch teilweise fassbar
6 Beschwerden, klinisch nachweisbar
7 diagnostizierbare Krankheit

Während jede Erkrankung dieselben Stadien durchläuft, ob Schnupfen oder Krebs, ist die Dauer der einzelnen Intervalle je nach Erkrankung und individueller Disposition unterschiedlich. Manche Leiden stagnieren lange in einem Stadium, manche schreiten rasant voran.

Vorgehen:
Diese Art der Testung wird idealerweise von einer zweiten, erfahrenen Person durchgeführt, die möglichst neutral ist, da bei Gesundheitsfragen Angst, Sorge und Hoffnung das Ergebnis beeinflussen können.

Wenn Sie für jemand anderen testen möchten, dann fragen Sie an der anwesenden Person, ihrem Foto oder Namen die einzelnen Stufen ab:

»Liegt bei dieser Person eine Zellstörung der Stufe 1 vor?«
»Liegt eine höhere Stufe vor?«

Fragen Sie nach jedem Ja eine weitere Stufe ab.

Kennen Sie keinen Radiästheten, der für Sie testen kann, oder bevorzugen Sie eine weniger stressbeladene Befragung, können Sie auch einfach das Maß der Zellschwingung ohne Fokus auf eine Störung abfragen. Konzentrieren Sie sich entweder auf die Zelle, und lassen Sie die Rute mittels Kreisen, Intensität und Reaktionszeit das Maß der vorhandenen Zellenergie anzeigen, oder nutzen Sie eine Tabelle oder den Bovis-Biometer, um die Zellenergie abzufragen.

Beispiele für Fragen, die Sie stellen können:

»Ist meine Zellenergie optimal?«
»Ist meine Zellenergie eingeschränkt, und wenn ja, ist sie eingeschränkt um 10 %? 20 %? 50 %?«

Zögern Sie nicht, die Ergebnisse der Testung mit Ihrem Arzt oder Heilpraktiker zu besprechen!

TIPP: Fragen Sie Ihre Zellschwingung vor und nach einer Schlafplatzsanierung oder Leberentgiftung ab, um den Erfolg der Maßnahmen zu überprüfen.

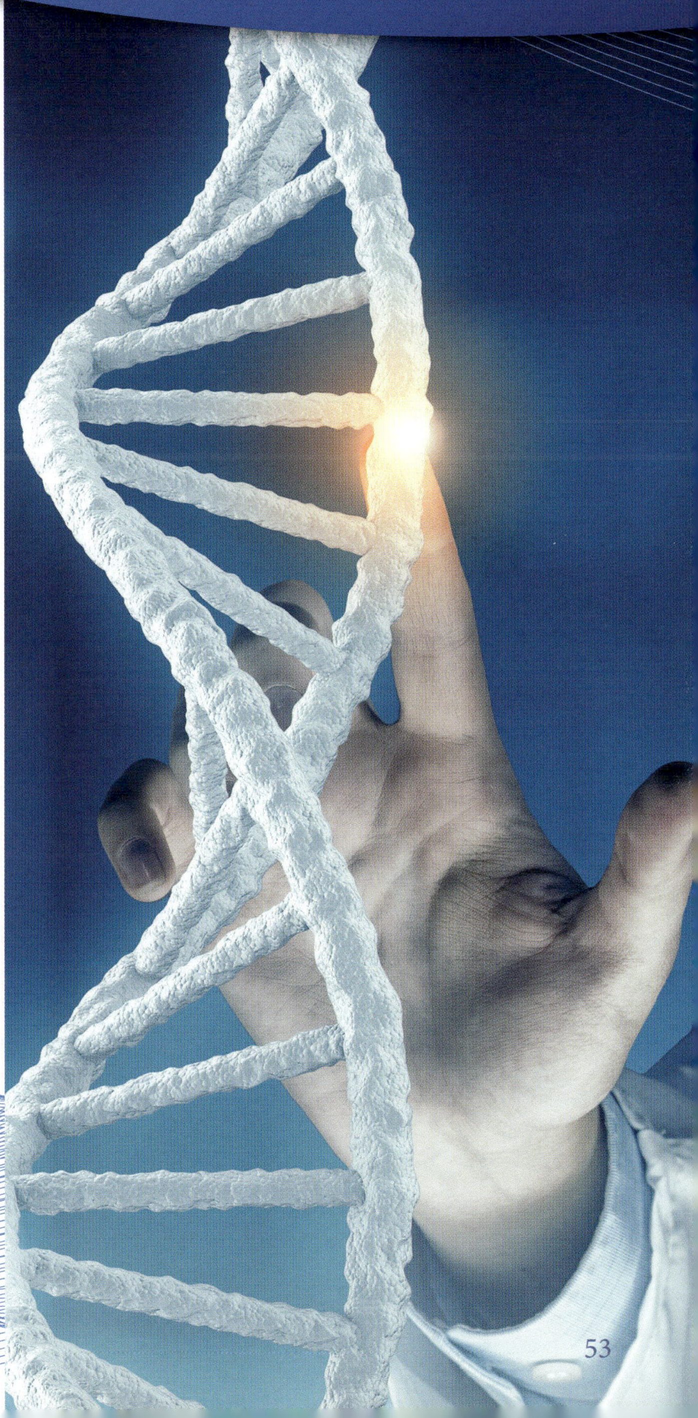

Medikamente

Dass viele Krankheiten, an denen noch vor einem Jahrhundert viele Menschen gestorben sind, heute weitgehend ihren Schrecken verloren haben, liegt nicht nur an den verbesserten Lebensbedingungen in der westlichen Welt, sondern auch an den Medikamenten, die gegen diese Krankheiten entwickelt wurden. Vom einfachen Aspirin, das Wirkstoffe analog denen aus Weidenrinde und Mädesüß enthält, bis hin zu Chemotherapien gegen Krebs sind diese lebenserhaltenden Mittel jedoch nicht ohne Nebenwirkungen und Schaden.

Insbesondere Frauen sollten beachten, dass klinische Studien zu Wirkung und Verträglichkeit weitestgehend an Männern durchgeführt werden und diese im weiblichen Körper stark abweichen können. Weitere Punkte, die unbedingt berücksichtigt werden müssen, bevor ein Medikament verordnet (bzw. eingenommen) wird, sind, ob und welche Vorerkrankungen oder Allergien vorliegen, welche Medikamente bereits regelmäßig eingenommen werden, sowie der Allgemeinzustand des Patienten. Es ist leicht ersichtlich, dass es auch für einen erfahrenen Arzt nicht immer einfach ist, all diese Punkte im Blick zu behalten und Schaden und Nutzen sorgfältig abzuwägen. Glücklicherweise ist es möglich, die Verträglichkeit, den Nutzen und möglichen Schaden von Medikamenten genauso auszutesten, wie dies bereits für Lebensmittel beschrieben wurde.

Stellen Sie also Fragen nach dem Ob, dem Wann, dem Wieviel und Wieoft sowie nach der Darreichungsform.

Beispiele für Fragen, die Sie stellen können

- »Soll ich dieses Medikament einnehmen?«
- »In Anbetracht meiner jetzigen Gesundheitssituation, ist es für mich das Beste, dieses Medikament jetzt einzunehmen?«
- »Wie viele Tropfen/Tabletten/Milligramm soll ich von diesem Medikament heute einnehmen: Eins/eine/einen? Zwei? Drei?«
- »Soll ich dieses Medikament einmal/zweimal/öfter am Tag einnehmen?«
- »Wie lange soll ich dieses Medikament einnehmen: Einen Tag? Zwei? Eine Woche? Zwei? Länger?«

Und nicht zuletzt können Sie mithilfe der Rute abfragen, ob Sie ein bestimmtes Medikament an diesem Tag bereits eingenommen haben: »Habe ich mein Medikament heute schon genommen?«

Ist dieses Thema bei Ihnen stark gefühlsbelastet oder mit Stress verbunden (wenn Sie z. B. ein Medikament dringend brauchen, es aber nicht nehmen möchten, wie es sicher grundsätzlich bei Chemotherapien mit ihren immensen Nebenwirkungen der Fall ist), dann lassen Sie eine andere Person für Sie testen, und fragen Sie auf alle Fälle nach Wegen, die Nebenwirkungen bei Ihnen zu mindern.

Die Organuhr

Gemäß der Traditionellen Chinesischen Medizin (TCM) fließt das Qi, die Lebensenergie, nicht gleichmäßig und gleichförmig durch den Körper wie Wasser durch ein Rohr, sondern nach bestimmten Rhythmen. Das bedeutet, dass nicht jedes Organ zu jeder Zeit gleich viel Kraft zur Verfügung hat. Es hat stattdessen besonders aktive und eher inaktive Zeiten. So ist oft zu beobachten, dass wiederkehrende Beschwerden zu bestimmten Zeiten auftreten. Wachen wir z. B. regelmäßig um 2 Uhr morgens auf, so kann dies mit einer Störung der Leberenergie zusammenhängen, die zwischen 1 und 3 Uhr morgens ihr Energiehoch hat.

Die Chinesische Organuhr ordnet übersichtlich die Organe ihren Qi-Fließintensitäten zu. Nicht nur für die Medikamenteneinnahme, sondern auch für die Ernährung, für Sport, selbst für Arztbesuche und geplante Eingriffe ergibt es Sinn, im Vorfeld den besten Zeitpunkt dafür herauszufinden. Und natürlich auch Gesundheitsstörungen selbst lassen sich anhand der Organuhr bestimmen.

Vorgehen:

Verwenden Sie die Abbildung wie sonst eine Tabelle oder ein Diagramm. Fahren Sie mit dem Antennenfinger die einzelnen Uhrzeiten bzw. aufgeführten Organe ab, während Sie die Rute in der anderen Hand halten und auf die Antwort warten.

Beispiele für Fragen, die Sie stellen können:

- »Ist dies der bestmögliche Zeitpunkt für …?«
- »Sind meine momentanen Gesundheitsstörungen zurückzuführen auf …?«
- »Bestehen Störungen des Energieflusses zu dieser Uhrzeit?«

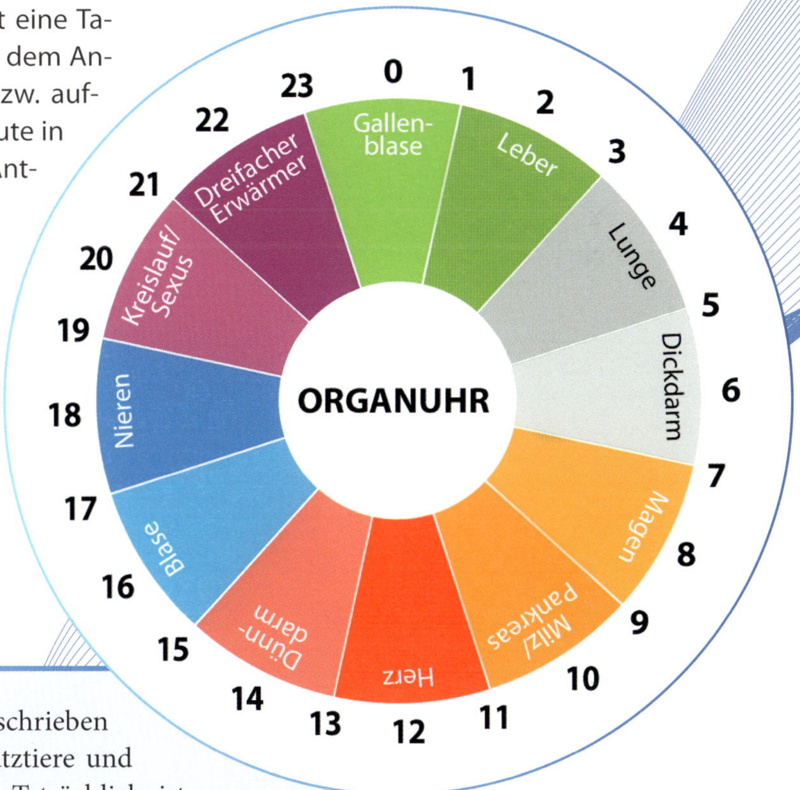

Alles, was hier für den Menschen beschrieben wurde, kann auch auf Haus- und Nutztiere und sogar Pflanzen angewendet werden! Tatsächlich ist diese Form der Rutenarbeit nicht nur sehr verlässlich, weil hier kein Ego, keine Erwartung, Hoffnung oder Angst die Testung beeinflusst (außer unserer eigenen), sondern sie ist auch die vielleicht einzige Methode, von unseren tierischen und pflanzlichen Mitlebewesen eine Antwort zu erhalten.

Schnelltest der Organsysteme

Mit diesem Schnelltest haben Sie eine unkomplizierte Methode an der Hand, Störungen im Körper ausfindig zu machen. Wenn Sie für jemand anderen testen, dann nutzen Sie dessen linke Handfläche. Für sich selbst können Sie die folgende Abbildung als Symbol für die eigene Hand verwenden. Zeigen Sie mit dem Antennenfinger auf die jeweiligen Stellen, die Sie austesten wollen.

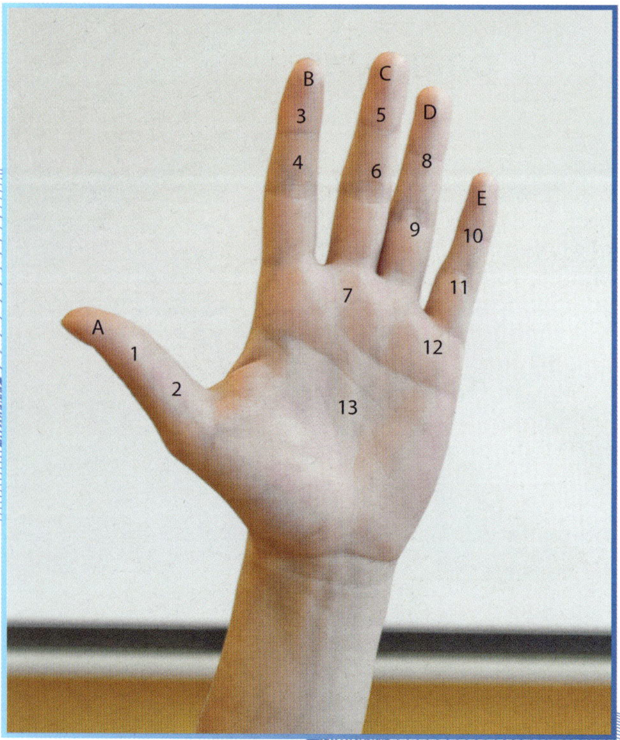

Vorgehen:
Machen Sie sich zunächst klar, dass für diese Testung die Linksdrehung »negativ« im Sinne von »keine Belastung« bedeuten soll und die Rechtsdrehung »positiv« im Sinne von »Belastung«, oder fragen Sie Ihre Rute, wie sie antworten wird.

Nehmen Sie nun die Hand Ihres Gegenübers oder Ihre Abbildung, setzen Sie den Zeigefinger als Antenne, und stellen Sie die Frage: »Liegt hier eine Belastung vor?«

Beginnen Sie mit der Spitze jedes Fingers, um zunächst die eventuell betroffenen Organsysteme einzugrenzen, bevor Sie innerhalb des Systems die einzelnen Organe testen.

Achten Sie darauf, keine falschen Schlüsse zu ziehen. Gibt die Rute für ein Organ oder Organsystem eine Belastung an, bedeutet das noch nicht, dass es krank ist. Eine Belastung kann auch rein energetischer Natur sein oder mit Tagesereignissen zusammenhängen. Wird z. B. eine Belastung des Verdauungssystems angezeigt, so kann dies schlicht auf die große Mahlzeit kurz zuvor zurückzuführen sein und sich von selbst beheben.

Umso wichtiger ist es, die Ergebnisse zu notieren und gelegentlich zu überprüfen.

A Nervensystem – Gehirn – physische Energie
1 Ätherenergie
2 pH-Wert Blut
B Atemsystem
3 Bronchien
4 Lunge
C Verdauungssystem
5 Leber
6 Magen
7 Darm

D Urinsystem
8 Nieren
9 Blase
E Geschlechtssystem
10 Mann: Hoden, Prostata
Frau: Uterus, Eierstöcke
11 Genitalien
12 Blutdruck und Kreislauf
13 Herzfunktionen

DIE FEINSTOFFLICHEN KÖRPER

Die Gesamtheit der feinstofflichen Körper nennt man auch die Aura oder das Aurafeld des Menschen. Sie enthält die Bioenergie, die ein Mensch ausstrahlt. In gesundem, stabilem Zustand hat die Aura die Form eines großen Eis. Störungen, z.B. durch blockierte oder überaktive Chakras, machen sich durch Ausbeulungen, Eindellungen oder Löcher sowie eine unharmonische Farbgebung bemerkbar.

Aura

Mit dem Auratest lassen sich Störungen, d.h. Löcher und Disharmonien, in den feinstofflichen Körpern feststellen. Bestimmen Sie dazu zunächst, welche Auraschicht getestet werden muss (vgl. S.36). Dies können Sie intuitiv, anhand der Symptome bzw. Fragestellung oder mit der Rute tun. Haben Sie die relevante Ebene identifiziert, dann richten Sie Ihren Fokus auf diese aus.

Halten Sie die Einhandrute locker und Ihre freie Hand über den physischen Körper. Im neutralen Modus sollte die Rute idealerweise leicht auf- und abschwingen. Streichen Sie nun mit der freien Hand als Antenne langsam über die gesamte Aura bzw. mit etwas Abstand über den Körper, den Sie untersuchen möchten. Lassen Sie dabei der Rute genug Zeit, zu antworten. An irgendeiner Stelle wird sie beginnen, zu kreisen: Ein Rechtskreis bedeutet, dass hier Energie zugeführt werden kann, ein Bedarf an rechtdrehender Energie besteht. Ein Linkskreis bedeutet, dass hier ein Überschuss vorliegt, der entladen werden darf, oder ein Bedarf an linksdrehender Energie besteht.

TIPP: Mit etwas Übung gelingt dieser Test auch sehr gut ohne Rute. Streichen Sie dabei einfach genau wie zuvor mit der Hand die Aura ab, aber versuchen Sie, die Störzonen direkt mit der Hand zu erfühlen. Sie machen sich als Beulen oder Dellen bemerkbar.

Harmonisierung von Störfeldern
Haben Sie während des Auratests Störzonen entdeckt, so können Sie diese mithilfe der Rute harmonisieren, also beheben. Stellen Sie sich dazu vor, wie Sie über die Rute die benötigte Energie zuführen oder abziehen, bis sich die Verformung zurückgebildet hat. Lassen Sie dazu die Energie so lange einschwingen, bis der Fluss zum Erliegen kommt und die Rute aufhört, zu kreisen.

Zur Erinnerung:

- Ein Rechtskreis bedeutet Harmonie, Energetisierung, Stärkung oder auch rechtsdrehende Energie.
- Ein Linkskreis bedeutet Disharmonie, Entladung, Schwächung oder auch linksdrehende Energie.

Nach Beseitigung aller Störfelder sollten Sie unbedingt Ihre Arbeit überprüfen. Wenn Sie an verschiedenen Stellen der Aura gearbeitet haben, kann es sein, dass es unbeabsichtigt zu Energieverschiebungen gekommen ist, die nachgebessert werden müssen.

Chakras

In der indischen Tradition gibt es die Vorstellung einer Lebensenergie, »Prana«, die über eigene Leitbahnen oder »Nadis« durch den Körper fließt. (Diese Energie existiert im Glaubenssystem vieler Kulturen: Im Tao heißt sie »Chi« und fließt in Meridianen, bei den San oder !Kung »Num«, bei Wilhelm Reich »Orgon«, bei Karl von Reichenbach »Od«, im Russischen »Bioplasma« usw.) Diese Energie wird in sieben Hauptzentren innerhalb des Ätherkörpers, den Chakras, verarbeitet, transformiert, verteilt und ausgesendet, um dann chemische, hormonelle und zelluläre Tätigkeiten anzuregen, die sich je nach Chakra unterscheiden.

Den einzelnen Chakras sind nicht nur verschiedene Funktionen zugeordnet, sondern auch unterschiedliche Energiefrequenzen, die in ihrer jeweiligen Farbe wahrgenommen werden können, wenn man diese Fähigkeit entwickelt hat. Jede Aura ist individuell und hat ihre spezifische Farbigkeit. Fließt die Energie ungleichmäßig, sind also Nadis oder ganze Chakras blockiert, so wirkt sich dies nicht nur auf die Gesundheit und psychische Verfassung aus, sondern wird gleichsam als unausgewogenes Farbmuster sichtbar.

Die sieben Chakras

Das **Basis- oder Wurzelchakra** am Damm stellt die Verbindung zur physischen und irdischen Welt dar. Energie von der Erde wird aufgenommen, um materielle und ursprüngliche Funktionen wie Erdung oder Verwurzelung, Leben und Überleben, die Einstellung zu Besitz sowie die Triebe, Sinnlichkeit und Sexualität zu regulieren. Eine Blockade dieses Chakras äußert sich darin, dass die betreffende Person an einem Mangel an Stabilität, Widerstands- und Durchsetzungskraft leidet, während eine disharmonische Funktion sich in einer Neigung zu Wutausbrüchen oder Exzessen (Essen, Trinken, Sex, Besitzanhäufung) ausdrückt. Dem Basischakra ist die Farbe Rot zugeordnet.

Das **Sakralchakra,** das sich etwas unterhalb des Bauchnabels befindet, steuert die Lebenslust und Leidenschaft, die Emotionen und die Intuition. Ihm zugeordnet sind unsere kreativen Kräfte ebenso wie die Sexualität. Sein Thema ist auch die Reinigung. Funktioniert es harmonisch, können wir uns dem Fluss des Lebens hingeben, die Gefühle fließen frei, und unsere zwischenmenschlichen Beziehungen sind gesund. Ist das Chakra blockiert, so sind Sexualität und Intuition unterdrückt. Emotionale Instabilität, Schüchternheit und Schuldgefühle können auftreten. Eine disharmonische Funktion zeigt sich insbesondere in übersteigerter Sexualität sowie einer allgemeinen Neigung zu Exzessen und Süchten. Die Farbe des Sakralchakras ist Orange.

Das **Nabel- oder Solarplexuschakra** befindet sich oberhalb des Bauchnabels auf dem Nervenknoten des Sonnengeflechts. Es reguliert die Entwicklung der eigenen Persönlichkeit sowie über die Aufnahme des Sonnenlichts körperliche und seelische Stärke und Vitalität, weshalb es auch als unser Kraftzentrum gilt und als »Innere Sonne« bezeichnet wird. Es ist die Quelle der Lebenskraft. Über das Solarplexuschakra sind wir mit unseren Mitmenschen (und ihrer Ausstrahlung) verbunden, und hier finden wir unsere gesellschaftliche Identität. Der Emotionalkörper hat eine enge Verbindung zu diesem Chakra. Eine Unterfunktion oder Blockade führt zu verringertem Selbstwertgefühl, Mutlosigkeit und dem Unterdrücken der eigenen Persönlichkeit sowie der eigenen Wünsche. Eine Disharmonie zeigt sich in unkontrollierten Gefühlsausbrüchen und dem Streben nach Macht, auf körperlicher Ebene in Verdauungsbeschwerden. Die Farbe des Solarplexuschakras ist Gelb.

Das **Herzchakra** auf Höhe des Herzens bildet die Verbindung der drei unteren Chakras, die irdische, physische und emotionale Bezüge haben, und der drei oberen Chakras, die kosmische, spirituelle und geistige Energien verarbeiten. Es knüpft somit ein

Band zwischen Erde und Kosmos. Das Herzchakra ist das Zentrum der Liebe. Weitere Themen sind Mitgefühl, Toleranz, Offenheit, Menschlichkeit, Empathie und Vergebung. Entsprechend äußert sich ein blockiertes oder disharmonisches Herzchakra in Lieblosigkeit – sich selbst und anderen gegenüber – sowie einer Neigung zur Sucht, um die fehlende Liebe zu kompensieren. Die Farbe des Herzchakras ist ein helles Grün oder auch Rosa.

Das Thema des **Kehlkopfchakras** im Hals ist die Kommunikation und alles, was zu ihr gehört: Sprache, Stimme, Selbstausdruck, Kreativität. Auch die Wahrheit ist hier verankert. Störungen im Kehlkopfchakra können sich auf körperlicher Ebene in Problemen am Hals zeigen, z. B. Mandelentzündungen, sowie durch Schulterverspannungen und Schilddrüsenfehlfunktionen. Ist das Chakra in Disharmonie, so wird Sprache zur Manipulation eingesetzt oder fällt es Betroffenen besonders schwer, sich auszudrücken. Eine Unterfunktion dieses Chakras zeigt sich in Rückzug, Schüchternheit, Unsicherheit gegenüber anderen sowie einer fehlenden Intuition. Die Farbe des Kehlkopfchakras ist Hellblau.

Das **Stirnchakra** befindet sich zwischen den Augenbrauen, weshalb es auch als »**Drittes Auge**« bezeichnet wird. Es ist der Sitz des Bewusstseins, unseres Höheren Selbst und der inneren Sicht. Das Zentrum gilt als Tor zur Seele. Auch die Vorstellungskraft und die Fähigkeit zur Manifestation haben hier ihren Ursprung. Das Stirnchakra verbindet uns mit den Ebenen jenseits der physischen Realität. Ist es gestört, dann zeigt sich dies auf körperlicher Ebene durch Probleme im Kopfbereich, z. B. Kopfschmerzen oder Erkrankungen der Ohren und Augen oder Störungen des Nervensystems. Eine Disharmonie führt zu großer Unruhe, Wahnvorstellungen und Halluzinationen, insbesondere, wenn gleichzeitig die Erdung über das Wurzelchakra fehlt. Bei einer Unterfunktion sind die Gedanken der betroffenen Person unklar, und sie orientiert sich rein an der materiellen Welt. Die Farbe des Stirnchakras ist Indigoblau.

Das **Kronen- oder Scheitelchakra** befindet sich eine Handbreit über dem Scheitelpunkt des Kopfes und ist nach oben hin geöffnet. Über dieses Energiezentrum findet eine Verbindung zum Göttlichen und zu unserem Seelenplan statt. Es ist das Chakra der Spiritualität und Erleuchtung. Es kann nicht blockiert sein, nur mehr oder weniger geöffnet. Seine Funktion ist abhängig vom Zustand der unteren sechs Chakras. Ein nicht voll geöffnetes Kronenchakra macht sich bemerkbar durch mangelndes Urvertrauen, Selbstzweifel und ein Gefühl der inneren Leere sowie des Getrenntseins vom großen Ganzen. Die Farbe des Kronenchakras ist Violett.

	Chakra	Endokrine Drüse	Organe	Farbe	Bedeutung
7	Scheitelchakra	Epiphyse	Oberer Gehirnabschnitt, rechtes Auge	Violett	Spiritualiät, Weisheit
6	Stirnchakra	Hypophyse	Unterer Gehirnabschnitt, linkes Auge, Ohren, Nase, Nervensystem	Indigo	Intuition, Erkenntnis, Psi-Kräfte
5	Kehlkopfchakra	Schilddrüse	Bronchien, Stimmwerkzeuge, Lunge, Verdauungstrakt	Blau	Kommunikation, Kreativität, Sprache
4	Herzchakra	Thymusdrüse	Herz, Blut, Vagus, Kreislaufsystem	Grün	Liebe, Harmonie, Sympathie
3	Nabelchakra	Bauchspeicheldrüse	Magen, Leber, Gallenblase, Nervensystem	Gelb	Intellekt, Wissen, Unbewusstes
2	Sakralchakra	Keimdrüsen	Fortpflanzungssystem	Orange	Energie, Lebenskraft, Hara
1	Wurzelchakra	Nieren, Nebennieren	Wirbelsäule, Nieren	Rot	Leben, Basis, Geschlecht

Um aus dem Gleichgewicht gelangte Chakras zu harmonisieren, stehen die verschiedensten Methoden zur Verfügung. Z.B. können Sie mit der passenden Farbe arbeiten, den zu den jeweiligen Chakras gehörigen Aura-Soma-Flaschen oder Edelsteinen, mit Musik oder Meditation.

Mit der Rute lassen sich nicht nur disharmonische Funktionen aufspüren, sondern auch beheben, ähnlich wie es bereits für die Aura beschrieben wurde.

Vorgehen:
Finden Sie zunächst heraus, welche Chakras harmonisch und welche disharmonisch arbeiten.

Dazu können Sie Ihre Antennenhand über das zu testende Chakra halten und Ihren Fokus auf dieses ausrichten. Halten Sie die Einhandrute locker, und warten Sie ihre Antwort ab. Eine Auf-und-ab-Bewegung bedeutet, dass die Schwingung des Chakras harmonisch ist. Schwingt sie von links nach rechts, so ist die Funktion des Chakras disharmonisch.

Alternativ können Sie z.B. folgende Fragen stellen und auf eine Ja-/Nein-Antwort warten:

»Liegt in diesem Chakra eine Störung vor?«
»Ist die Funktion dieses Chakras harmonisch?«
»Liegt in diesem Chakra eine Disharmonie vor? Eine Stauung? Eine Überfunktion? Eine Unterfunktion?«

Die Chakraharmonisierung lässt sich einfacher an einer anderen Person durchführen als an Ihnen selbst. Gehen Sie dazu vor wie beschrieben, und halten Sie die Antennenhand vor das Chakra, das harmonisiert werden soll. Nun können Sie mithilfe der Rute die benötigte Energie einschwingen. Die Rute zeigt durch ihr Kreisen an, welche Art Energie benötigt wird: Gegen den Uhrzeigersinn bedeutet linksdrehende Energie oder, dass ein Energieüberschuss abgeleitet wird, im Uhrzeigersinn bedeutet rechtsdrehende Energie oder, dass Energie zugeführt wird. Lassen Sie die Energie so lange einschwingen, bis der Fluss zum Erliegen kommt und die Rute aufhört, zu kreisen.

Lebenskraft und Energie

Der Mensch als Schwingungsempfänger steht immer im Spannungsfeld zwischen kosmischer und irdischer Energie. Daraus bezieht er seine Lebenskraft, die alle seine Organe und Lebensfunktionen steuert und so auch über Gesundheit, Krankheit und Heilung bestimmt. Die Lebenskraft ist nicht physikalisch nachweisbar, aber sehr wohl radiästhetisch messbar: über den Abstand der Hände.

Vorgehen:
Diese Messung wird am besten zu zweit durchgeführt. Die zu testende Person hält beide Unterarme locker nach vorn, während Sie die Einhandrute zwischen ihre beiden Hände halten. Lassen Sie die Rute schwingen, während Ihr Gegenüber langsam seine Hände so lange immer weiter auseinanderzieht, bis die Rute zum Stillstand kommt. Der Abstand der Hände, der erreicht wurde, ist das Maß für die momentan vorhandene Lebenskraft und damit den allgemeinen Gesundheitszustand der Testperson. Kommt die Rute erst zum Stillstand, wenn die Arme zu beiden Seiten voll ausgestreckt sind, dann sind 100 % Lebenskraft verfügbar.

Nun sollte die Lebenskraft nicht nur vorhanden sein, sondern auch frei fließen können – dahin, wo sie gebraucht wird. Mit der Energieanalyse können Sie Blockaden aufspüren.

Der Energiefluss ist dabei Folgender: Die kosmische Energie fließt über das Scheitelchakra ein und weiter durch Halswirbelsäule, Brustwirbelsäule, Lendenwirbelsäule zum Steißbein. Entsprechend fließt die terrestrische Energie über das Wurzelchakra ein und dann die Wirbelsäule hinauf. Je nach Verortung der Stauung können unterschiedliche Organe und Organsysteme betroffen sein.

Fragen Sie: »Ist hier im Bereich der Halswirbelsäule/Brustwirbesäule/… eine Stauung?«, und finden Sie den Grad der Blockade mithilfe eines Prozente-Diagramms oder durch Hochzählen heraus.

Fragen Sie danach, soweit nötig, den Energiefluss in den Organen ab, und bestimmen Sie den Grad der Beeinträchtigung.

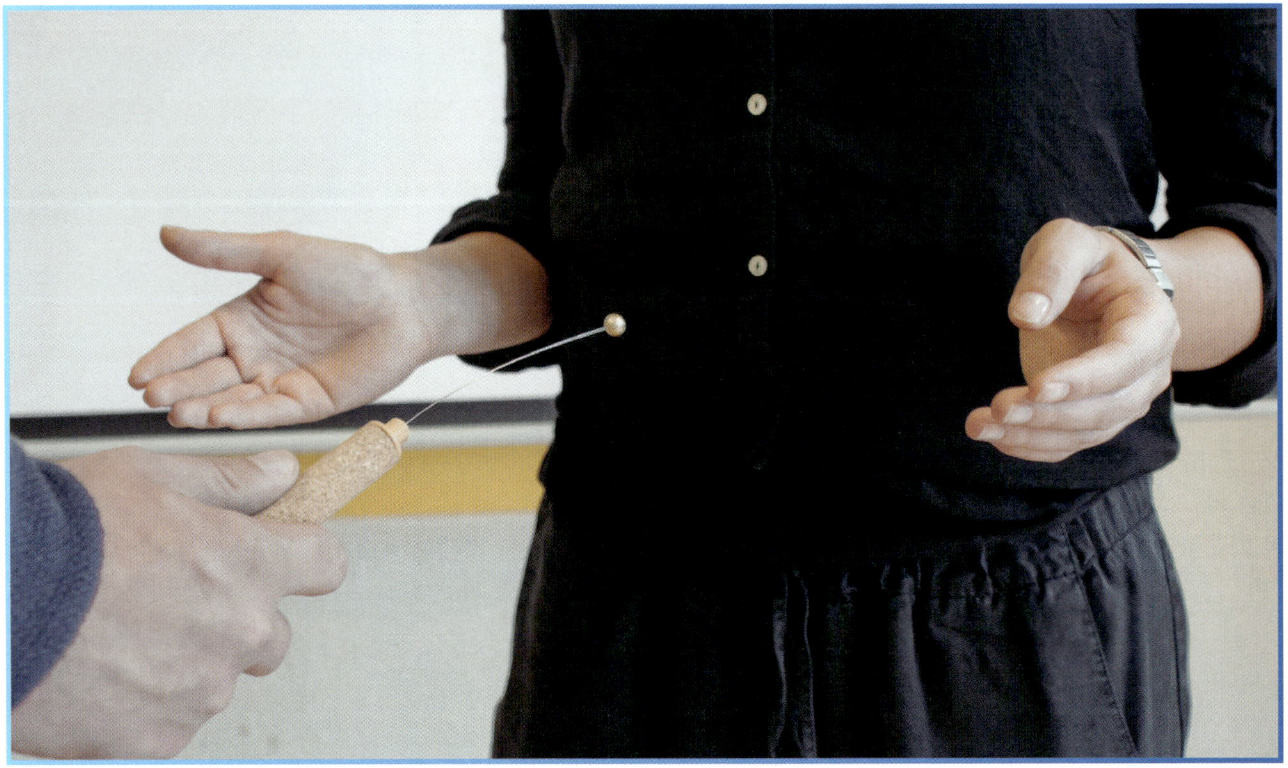

Meridiane

Während die Lehre der Chakras aus dem tantrischen Hinduismus und Buddhismus stammt, hat die Arbeit mit und an den Meridianen ihren Ursprung in der Traditionellen Chinesischen Medizin (TCM). Bei den Meridianen handelt es sich um Leitbahnen, durch die die Lebensenergie (»Qi«) in bestimmten Rhythmen fließt. Diese Theorie wurde bereits im Zusammenhang mit der Organuhr vorgestellt.

Es gibt zwölf Hauptmeridiane, die ihrer Funktion nach jeweils bestimmten Organsystemen und Sinnesorganen zugeordnet sind. Ihre Endpunkte verbinden die Körperoberfläche mit den inneren Abläufen. Sie liegen an spezifischen Stellen am Körper, wo auf sie z.B. mittels Akupunktur oder Akupressur eingewirkt werden kann. Dies stimuliert oder reguliert den Energiefluss durch den jeweiligen Meridian.

Vorgehen:
Um mit der Rute Störungen innerhalb eines bestimmten Meridians abzufragen, fertigen Sie sich eine Liste an oder benutzen Sie die Tabelle. Die einzelnen Meridiane werden mit dem Antennenfinger abgefahren, während die Rute in der anderen Hand die Antwort anzeigt.

Beispiele für Fragen, die gestellt werden können:

- »Fließt die Energie durch diesen Meridian harmonisch?«
- »Ist der Energiefluss in diesem Meridian gestört?«
- »Liegt in diesem Meridian eine Belastung vor?«

Der Grad der Belastung kann dann anhand einer Prozentetabelle oder mental eingegrenzt werden. Belastungen von weniger als 10 % regulieren sich oftmals im Tagesverlauf von selbst. Kontrollieren Sie bei Gelegenheit nach.

Meridiane und Funktionskreise	Zugeordnete Gewebe	Zugeordnete Sinnesorgane
Herzmeridian – Dünndarmmeridian	Blut, Blutgefäße	Zunge
Nierenmeridian – Blasenmeridian	Knochen, Gelenke	Ohr
Kreislauf-/Sexusmeridian – Dreifacher-Erwärmer-Meridian	Blut, Blutgefäße	Zunge
Lebermeridian – Gallenblasenmeridian	Muskeln, Sehnen	Auge
Lungenmeridian – Dickdarmmeridian	Haut, Haare	Nase
Milz-/Pankreasmeridian – Magenmeridian	Bindegewebe	Lippen, Mund

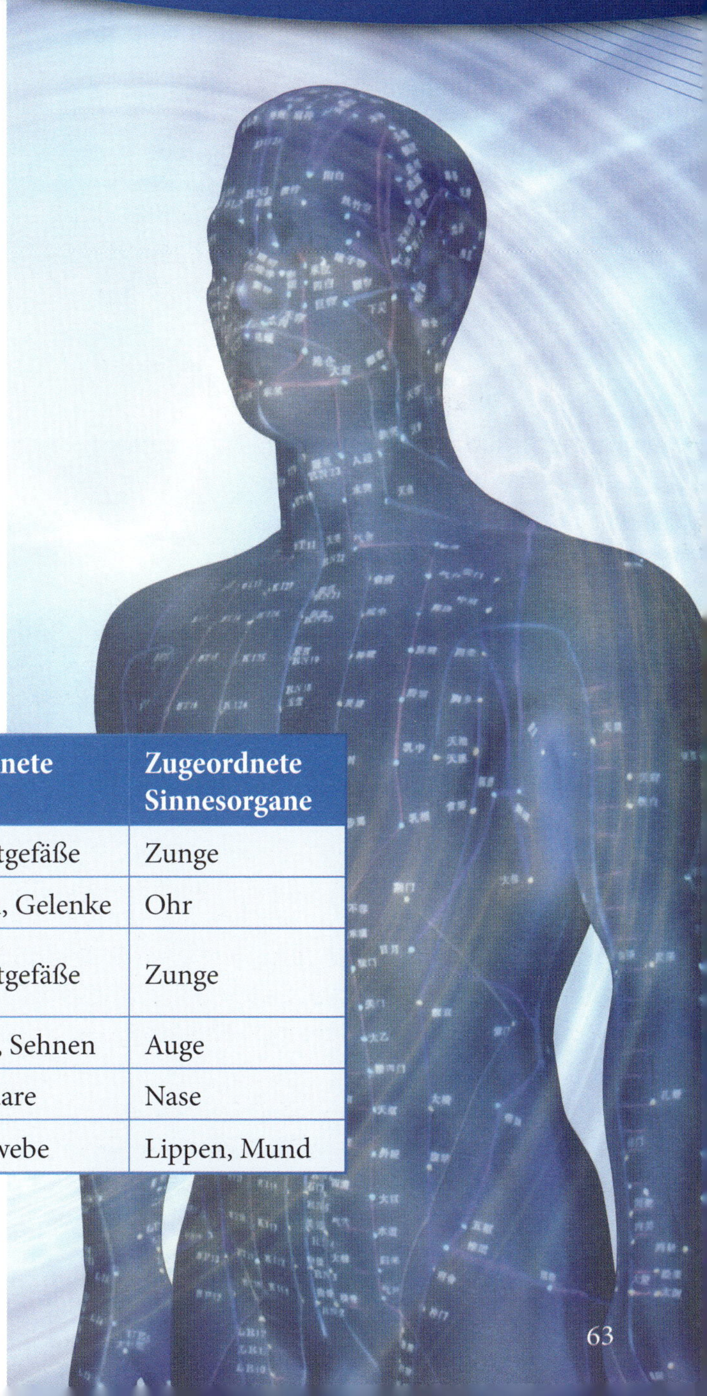

Liegt eine Belastung von mehr als 10% vor, können Sie fragen, von welcher Therapie hier profitiert werden kann – z.B. den klassischen TCM-Therapien Akupunktur und Akupressur.

Tipp: Wenn Sie ein Akupressur-Kartenset haben (z.B. »Erste-Hilfe-Punkte«), können Sie die Karten verdeckt hinlegen und mit der Rute abfragen, welche der Maßnahmen jetzt hilfreich ist.

Schnelltest der Meridianpunkte

Endpunkte von Meridianen finden sich nicht nur auf der gesamten Körperoberfläche verteilt, sondern gebündelt auch an Händen und Füßen (sowie den Ohren). Diese können stellvertretend für die Körperpunkte sowohl für Akupunktur und Akupressur als auch zur Abfrage mit der Rute verwendet werden.

Diese Art der Testung eignet sich eher dazu, sie an einer anderen Person durchzuführen als bei sich selbst.

Vorgehen:

Tasten Sie mit dem Antennenfinger die Endpunkte an den Nagelfalzen einer Hand oder eines Fußes Ihres Gegenübers ab. Wenn Ihre Konzentration und Vorstellungskraft gut sind, dann können Sie auch eine Abbildung verwenden. Fragen Sie nun ab, ob in dem jeweils zugehörigen Meridian eine Belastung oder Störung des Energieflusses vorliegt. Lassen Sie die Rute entweder mit Ja oder Nein antworten, oder lassen Sie sich durch Auf-und-ab-Schwingen (ausgeglichener Meridian), Rechts- oder Linkskreisen (die entsprechende Energie wird benötigt, bzw. es liegt ein Energiedefizit/-überschuss vor) die Antwort anzeigen. Wird Energie benötigt, so ist es möglich, diese direkt über den Antennenfinger einzuschwingen.

Endpunkte der Meridiane zum direkten Austesten mit Pendel und Rute

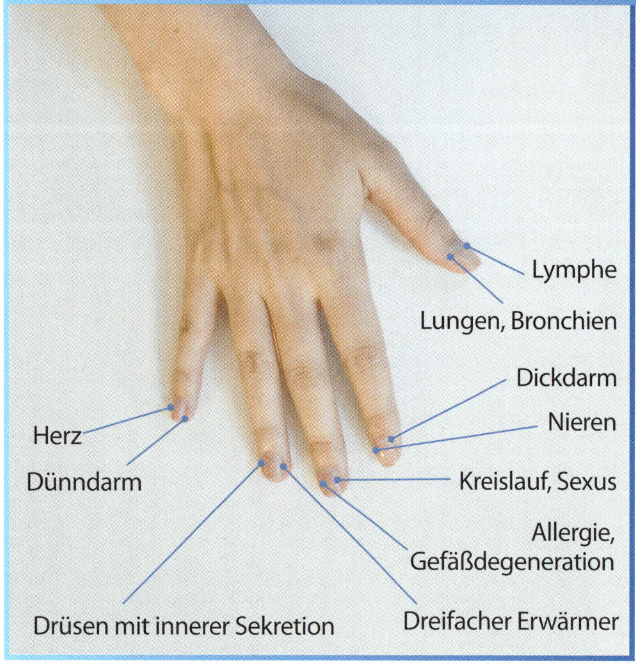

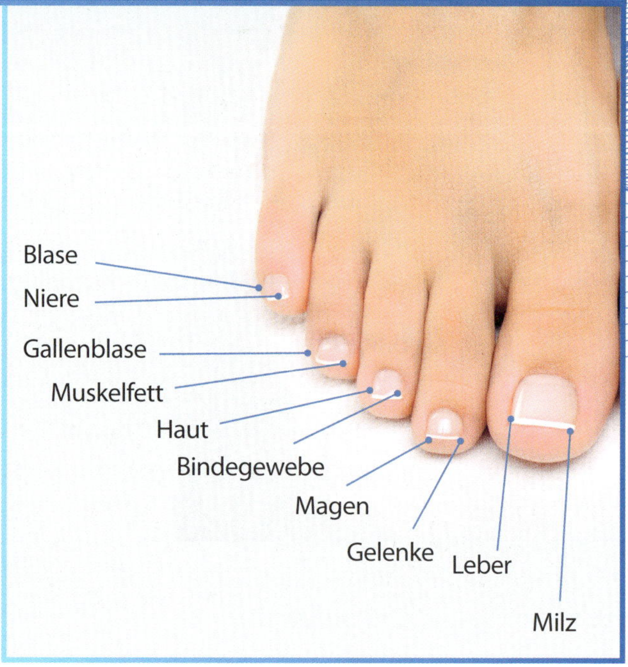

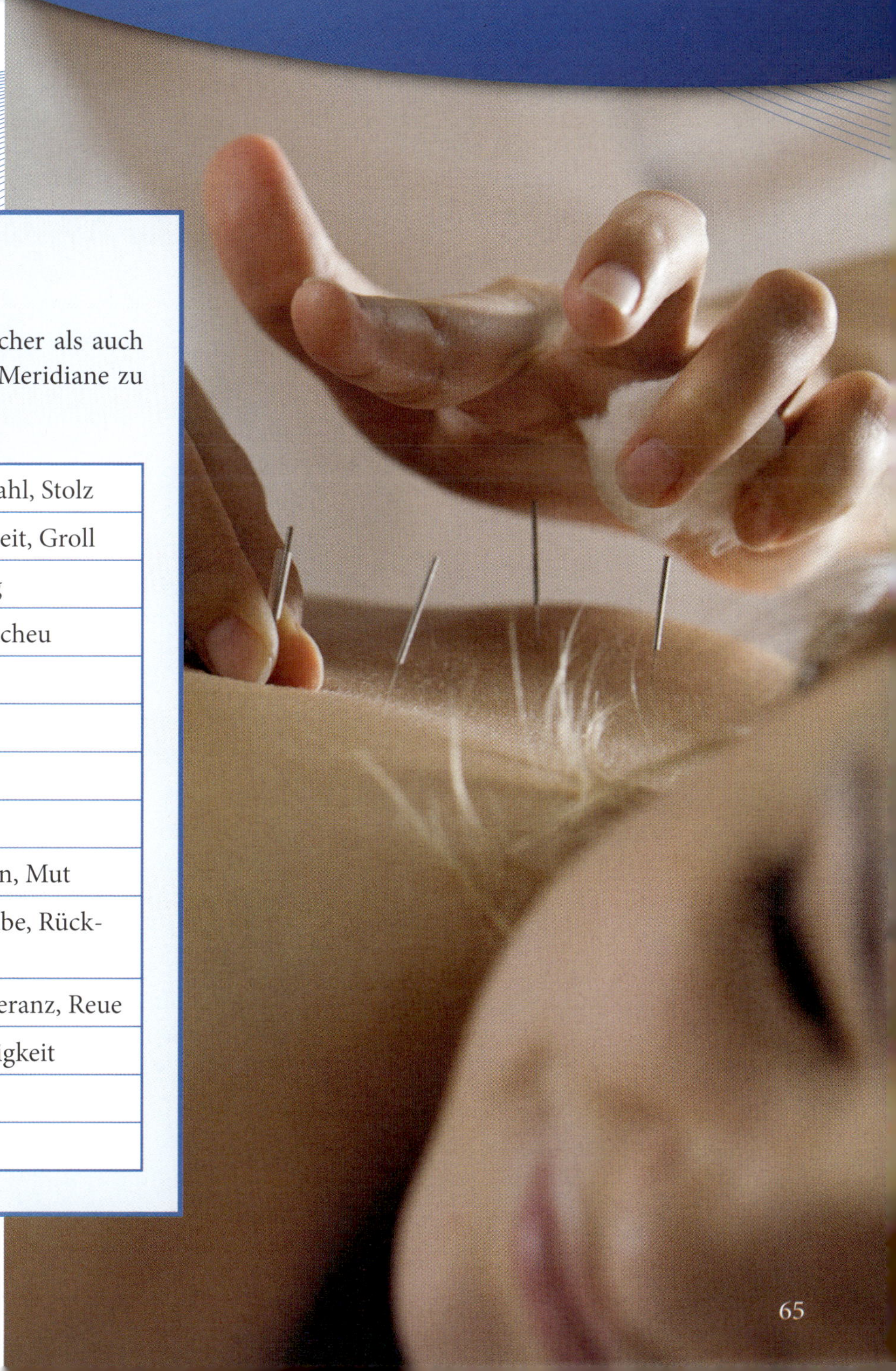

ZUORDNUNG DER EMOTIONEN ZU DEN MERIDIANEN

Der Grund für Disharmonien innerhalb unseres Meridiansystems kann sowohl physischer als auch psychischer Natur sein. Anhand der folgenden Tabelle können Sie die Zuordnung der Meridiane zu Emotionen und seelischen Zuständen ablesen und austesten.

Gallenblase	Wut/Zorn, Selbstgerechtigkeit, Hilflosigkeit, Nachsicht, freie Wahl, Stolz
Leber	Wut/Zorn, Beunruhigung, Empörung, (Un-)Glück, Zufriedenheit, Groll
Milz	Zutrauen, Einfühlung, Ablehnung, Neid, Mitleid, Anerkennung
Magen	Zufriedenheit, Kritik, Enttäuschung, Mitleid, Gier, Hunger, Abscheu
Dünndarm	Freude, Trauer, Wertschätzung, Erbauung
Herz	Liebe/Hass, Selbstwert, Vergebung, Ärger
Dreifacher Erwärmer	Schwere, Einsamkeit, Leichtigkeit, Verzweiflung
Kreislauf/Sexus	Ruhe, Hysterie, Entspannung, Eifersucht, Starre
Blase	Panik, Frustration, Ruhelosigkeit, Ungeduld, Zuversicht, Frieden, Mut
Nieren	Phobie, Angst/Furcht, Entscheidung, (Un-)Sicherheit, Aberglaube, Rücksichtslosigkeit
Lunge	Demut, Bescheidenheit, Depression, Vorurteil, Verachtung, Toleranz, Reue
Dickdarm	Selbstwert, Schuld, Depression, Kummer, Loslassen, Gleichgültigkeit
Zentralgefäß	Schüchternheit, Scham, Erfolg
Gouverneursgefäß	Wahrheit, Verlegenheit

Homöopathie

Die Homöopathie geht davon aus, dass Krankheiten bestimmte Energiemuster aufweisen, die durch Gabe eines Mittels gleicher Energie aufgelöst werden können. Daher stammt auch der Name: von griechisch homóios, »gleich«, und páthos, »Leid«.

Bei der sogenannten Konstitutionstherapie, die gern bei tiefer sitzenden und chronischen Störungen angewendet wird, wird noch weiter gegangen, indem angenommen wird, dass jeder Mensch eine Grundschwingung besitzt, die eine Resonanz zu einem bestimmten Mittel aufweist. Wird diese Grundschwingung harmonisiert, so lösen sich vielerlei körperliche wie psychische Probleme.

Je nach Potenzierung (Verdünnung nach einem bestimmten Schema und Vorgehen) haben die einzelnen Mittel unterschiedliche Einsatzgebiete. Die Bezeichnung D (Dezimal) steht dabei für Verdünnungen im Verhältnis 1:10, C (Centesimal) für 1:100 und LM oder Q (Quinquagintamillesimal) für 1:50 000. Hieraus ist leicht ersichtlich, warum Wissenschaft und Schulmedizin der Homöopathie bestenfalls einen Placeboeffekt nachsagen: »Ein Tropfen im Ozean« lautet der Spottruf, der darauf abhebt, dass in den stärker verdünnten Mitteln kein Wirkstoff mehr nachweisbar ist.

In der Tat jedoch wirken in der Homöopathie, mit Ausnahme der Ursubstanz und den niedrigsten Potenzen D4 und C4, keine Wirkstoffe im Sinne von messbaren chemischen Substanzen. Es wirkt vielmehr die Information oder Schwingung. Entsprechend werden Ursubstanz und die niedrigen Potenzen (D4–D12, C4–C12) für grobstoffliche und akute körperliche Prozesse eingestzt, die mittleren Potenzen (D30, C30) für chronische und die hohen Potenzen (C200 bis hin zu LM/Q und M) in der Konstitutionstherapie, wo sie auf die feinstofflichen Körper wirken. Die der Grundenergie der Person oder der Gesundheitsstörung möglichst ähnliche Schwingung des Mittels agiert dabei vergleichbar der Triggerpunkttherapie der Physiotherapie: Durch die Verstärkung der (vorhandenen) Information wird diese dem Körper ins Bewusstsein gebracht, sodass er sich anschließend selbst regulieren kann.

»Die Krankheit entsteht durch Einflüsse, die den Heilmitteln ähnlich wirken, und der Krankheitszustand wird beseitigt durch Mittel, die ihm ähnliche Erscheinungen hervorrufen.«
(Hippokrates von Kos)

Die Kunst der homöopathischen Verschreibung liegt darin, für jede Person und ihre Symptome das genau passende Mittel zu finden, egal, ob es sich um einen akuten Zustand handelt oder einen chronischen. Bei manchen Beschwerden ist die Resonanz des Mittels offensichtlich: So neigt z. B. eine disharmonische Person mit sogenannter Sepia-Konstitution dazu, aggressiv und depressiv zu werden und sich zurückzuziehen – wie der Tintenfisch, der, wenn er gestört wird, eine Wolke schwarzbrauner Tinte ausstößt, aus der das Mittel auch gewonnen wird. Oder das Mittel Apis, hergestellt aus Bienengift, das eingesetzt wird bei Enzündungen und Schwellungen mit brennendem Schmerz, die gut auf Kühlung reagieren.

Die Rute ist hier ein ideales Werkzeug, die Resonanz von Gesundheitsstörung und Mittel abzugleichen und nicht nur das passende Mittel auszuwählen, sondern auch dessen optimale Potenz und Form (Globuli, Tropfen).

Vorgehen:
Idealerweise haben Sie die verschiedensten Mittel in verschiedenen Potenzen zur Austestung vorrätig. Wenn nicht, dann ist es auch möglich, eine Liste, einen Produktkatalog oder ein Pendeldiagramm zu verwenden, an dem Sie zuerst das Mittel und dann die Potenz abfragen. Wenn Sie die Mittel durch klassische Repertorisierung (was hier sehr zu empfehlen ist!) bereits eingegrenzt haben, dann können Sie sich eine solche Liste einfach selbst erstellen.

Nehmen Sie das Mittel in die Hand, oder halten Sie Ihre Antennenhand darüber (alternativ benutzen Sie Ihren Antennenfinger auf dem jeweiligen Eintrag), und warten Sie auf die Antwort der Rute. Sie können hier ein Ja oder Nein abfragen oder, ohne eine Frage zu stellen, ein Kreisen der Rute erbitten.

Beispiele für Fragen, die Sie stellen können:

- »Ist dieses das optimale Mittel, um meine Gesundheitsbeschwerden/die meiner Testperson zu lindern/auszugleichen?«
- »Steht dieses Mittel auf allen Ebenen und in allen Dimensionen in Resonanz mit meinem Krankheitsbild/meiner Persönlichkeitskonstitution?«
- »Ist dieses Mittel das richtige für mich, jetzt?«

Ebenso wie homöopathische Mittel können Sie Bachblüten, Kalifornische oder Australische Blütenessenzen oder Chakrablütenessenzen mit der Rute bestimmen. Dasselbe gilt für Aura-Soma, Schüßler-Salze, ätherische Öle, Räuchermischungen, Heilsteine usw.

Es ist auch möglich, homöopathische Mittel nicht einzunehmen, sondern ihre Information mittels Rute in den Körper einzuschwingen.

Vorgehen:
Halten Sie hierzu das Mittel direkt auf die Thymusdrüse auf Höhe des Brustbeins. Schwingen Sie dann bewusst so lange rechtkreisend mit der Rute, bis diese von allein in das neutrale Auf-und-ab-Schwingen übergeht.

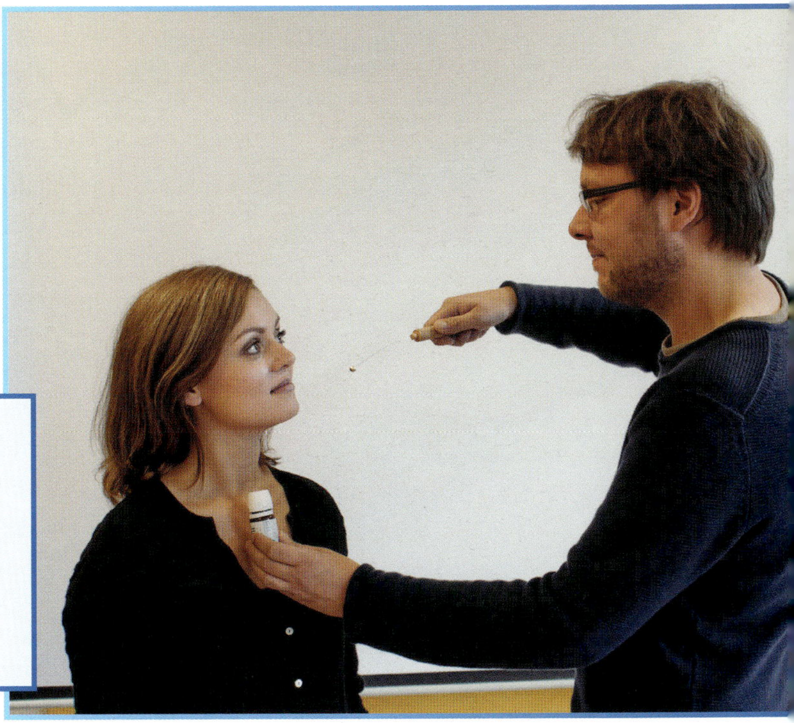

DER MENSCH UND SEINE UMGEBUNG

Während es unmittelbar verständlich und logisch ist, dass unser Körper von dem beeinflusst wird, was wir in ihn hineintun – Nahrung oder Medikamente –, ist es vielen Menschen nicht auf dieselbe Weise bewusst, dass wir auch von unserer Umgebung, unserer Umwelt, beeinflusst werden. Einem Radiästheten ist dies ebenso selbstverständlich wie jedem, der sich mit energetischer oder Geistheilung beschäftigt.

Wir sind schwingende Materie, Information in Form, und alles um uns herum ist es ebenso. Unser Körper endet nicht an unserer Haut, sondern wir sind über unsere feinstofflichen Körper ständig und überall mit allem in Austausch, was uns umgibt – und genauso ist es die Erde mit dem Kosmos. Wir werden beeinflusst von der Art und Intensität des Lichts, von der Temperatur, von Klängen, Farben ..., aber auch von Strahlungen und Schwingungen, die sich unseren alltäglichen Sinnen entziehen und um deren Existenz nicht jeder weiß. Umso wichtiger ist es, gerade wenn vage Gesundheitsstörungen oder Unbehagen bestehen, die Umgebung, also die gewohnten und häufigsten Aufenthaltsorte, auf Störfaktoren zu untersuchen.

Ein Teil dieser Störfaktoren, die auf unser Immunsystem einwirken, unseren Schlaf beeinträchtigen oder vielleicht auch unmittelbar krank machende Einflüsse haben können, sind menschengemacht: Kunststoffe, Chemikalien, Elektrogeräte und Funkquellen erleichtern unser Leben, aber mindern dessen Qualität. Haben wir die uns individuell beeinflussenden Störquellen ausfindig gemacht, dann können wir konstruktiv mit ihnen umgehen, indem wir sie entfernen, neutralisieren oder so positionieren, dass ihr Einfluss geringer ist.

Andere Störfaktoren liegen jedoch außerhalb unseres Verantwortungsbereichs, denn sie sind unter der Erdoberfläche oder im Magnetfeld der Erde begründet. In der Radiästhesie werden diese Störfaktoren nicht ganz richtig, aber einprägsam als »Erdstrahlen« bezeichnet. Was dies alles umfasst, wird später erläutert. Diesen Erdstrahlen können wir nur versuchen auszuweichen, und in der Tat erfolgte in früheren Zeiten der Bau eines Gebäudes oder einer Straße oft entlang der Konturen solcher Störzonen. Die hohe Bevölkerungsdichte lässt dies heute nicht mehr zu, aber dennoch ist es möglich, zumindest das Bett oder Sofa aus einer Störzone herauszurücken oder Maßnahmen zu ergreifen, die beeinträchtigende Einflüsse abschirmen oder mindern.

Zunächst aber wollen wir untersuchen, welche Einflüsse die Materialien auf uns haben, mit denen wir uns täglich umgeben.

DIE MENSCHENGEMACHTE UMGEBUNG

Farben

Menschen sind visuelle Wesen. Was wir mit den Augen wahrnehmen, hat einen hohen Stellenwert, und Farben sind da keine Ausnahme. Sie gehören selbstverständlich zu unserem alltäglichen Leben. Farbigkeit ist keine feste physikalische Eigenschaft eines Objekts, sondern vielmehr abhängig von dem individuellen Auge, auf das Licht einer bestimmten Wellenlänge fällt, und vom Gehirn, das die von den Nervenzellen weitergeleiteten Reize interpretiert. Dies bedeutet, dass Farbenwahrnehmungen subjektiv sind, sie sind eigentlich Farbempfindungen.

Die Freude an Farben beginnt normalerweise schon im Babyalter, und früh zeigen sich bestimmte Präferenzen, die bei manchen stabil bleiben, bei anderen immer wieder wechseln. Selten jedoch kann begründet werden, warum eine Farbe der anderen vorgezogen wird: »Sie gefällt mir halt.« Gräbt man jedoch ein wenig tiefer, so findet man trotz aller Subjektivität der Farbempfindung (und trotz einiger kultureller Unterschiede in der Farbverwendung) breite Übereinstimmungen in der Symbolik, der Reaktion auf die verschiedenen Farbtöne sowie deren Assoziationen. Fast universell werden Blautöne als beruhigend, Rottöne als anregend und Gelbtöne als angstlösend empfunden.

Farbe ist ein Sinneseindruck, der entsteht, wenn Licht bestimmter Wellenlängen auf das Auge, genauer auf dessen Netzhaut mit seinen Farb- und Lichtrezeptoren, trifft. Das menschliche Auge kann Licht mit Wellenlängen von etwa 300 bis 700 nm wahrnehmen.

Ultraviolett	100–380 nm
Violett	380–420 nm
Blau	420–490 nm
Grün	490–575 nm
Gelb	575–585 nm
Orange	585–650 nm
Rot	650–780 nm
Infrarot	780–1000 nm

Für den Menschen sichtbare Spektralfarben

Unterschieden wird dabei in sogenannte Lichtfarben, bei denen Lichtquellen bestimmte Wellenlängen aussenden (von der Sonne über Regenbogen bis hin zu Bildschirmen oder Glühlampen), und Körperfarben, bei denen Pigmente oder die molekulare Struktur Anteile der Strahlung einer externen Lichtquelle absorbieren und nur bestimmte Wellenlängen reflektieren.

Die Symbolik der Farben spiegelt sich auch in verschiedenen Redewendungen und feststehenden Ausdrücken wider: Man sieht rot vor Wut, ist gelb vor Neid oder hat eine rosarote Brille auf. Inzwischen ist bekannt, dass das visuelle System nicht nur mit dem zentralen Nervensystem zusammenarbeitet, sondern auch mit dem Gefühlszentrum.

Psychologisch wirken Farben auf zwei Weisen: assoziativ, also über die Erinnerung oder Vorstellung von Bildern und Begriffen (Rot = Blut, Blau = Himmel, Gelb = Sonne), oder emotional über die Beschreibung von Stimmungen (Rot = gefährlich, Blau = weit, Grün = lebendig).

Entsprechend können Farben auf zwei Weisen für unser Wohlbefinden eingesetzt werden. In der Kunsttherapie ist es möglich, über sie (und Formen) Gefühle auszudrücken, die ansonsten vielleicht verschüttet oder schwer zugänglich und nicht in Worte zu fassen sind. In der Farbtherapie wirken sie selbst direkt auf den Menschen. Die rein psychologische Wirkung der Farbtherapie ist dabei unumstritten (wird sie doch tagtäglich eingesetzt, vom Verkehrsschild bis hin zum Firmenlogo). Weniger anerkannt ist die Wirkung, die Farbe, also elektromagnetische Strahlung bestimmter Wellenlängen, auf unsere Körper hat, den physischen wie die feinstofflichen.

Was wir mit dem Verstand und wissenschaftlichen Methoden nicht herausfinden können, das können wir unserer Intuition überlassen. So geschieht es in der Kunsttherapie, aber auch im Aura-Soma (feinstoffliche Therapie mit Essenzen, die ähnlich wie Blütenessenzen auf alle Körper wirken und die intuitiv nach ihrer Färbung ausgewählt werden) oder in verschiedenen von Psychologen entwickelten Farbtests, in denen von Klienten ausgewählte Farben und deren Anordnung Einblicke in die jeweiligen Persönlichkeitsaspekte liefern.

Die Einhandrute eignet sich ganz hervorragend, um der Intuition auf die Sprünge zu helfen und die Farben auszuwählen, die Sie jetzt benötigen, um sich wieder ins Gleichgewicht zu bringen.

Nutzen Sie die Rute, um Farben auszuwählen für

- Kleidung
- Wohnung, z. B. Wandfarben für verschiedene Räume
- Aura-Soma-Flaschen
- Nahrungsmittel
- Edelsteine
- die Harmonisierung oder Aktivierung der Chakras
- die positive Beeinflussung Ihrer Gesundheits- oder Gefühlszustände

Verwenden Sie die folgende Tabelle, um die benötigten Farben auszutesten, oder besorgen Sie sich Farbmuster, wie es sie für Wand-, Künstlerfarben oder Dekostoffe gibt. Testen Sie Edelsteine oder Aura-Soma-Flaschen direkt oder anhand einer Liste oder eines Buches.

Vorgehen:
Halten Sie Ihre Antennenhand über das Testobjekt, oder fahren Sie mit dem Finger eine Tabelle oder Farbenliste ab. Stellen Sie Ihre Frage, und warten Sie die Antwort der Rute ab.

Beispiele für Fragen, die Sie stellen können:

»Ist dies die geeignete Farbe, um zu entspannen/in Balance zu kommen/mich besser zu fühlen?«

»Ist dies die ideale Farbe für mein Schlafzimmer/Büro/…?«

»Um meine Ernährung zu optimieren, sollte ich mehr grüne/gelbe/rote/… Nahrungsmittel zu mir nehmen? Wenn ja, wie viele Portionen?«

»Welche Farbe benötige ich jetzt, um meine Chakras in Harmonie zu bringen? Ist es Rot/Orange/Gelb/…?«

»Welche Farbe fördert die Eigenschaften, die ich für mein bestes, höchstes Wohl entwickeln sollte? Ist es Grün/Blau/Violett/…?«

Violett	Kronenchakra
	Erhabenheit, Toleranz, Transzendenz, Streben nach Höherem, Spiritualität, Inspiration
	Blauviolett/Lila beruhigt die Nerven, fördert den Schlaf, hilft bei der Meditation; Rotviolett regt an
Blau	Drittes Auge (Indigo) und Kehlkopfchakra (Hellblau)
	Ruhe, Tiefe, Glaube, Wahrheit, Frieden, Treue
	kühlend, lindernd, beruhigend, ausleitend, entspannend, fördert den Schlaf
Grün	Herzchakra
	Leben, Herzkraft, Hoffnung, Natur, Regeneration, Harmonie, aber auch Gift
	stabilisierend, stärkt das Selbstvertrauen, entspannend, ausgleichend
Gelb	Solarplexuschakra
	Leichtigkeit, Frohsinn, Sonne, Kommunikation, Intellekt, aber auch Neid
	regt den Geist an, reinigend, hebt die Stimmung
Orange	Sakralchakra
	Sonne, Begierde, Extroversion, Gesundheit
	aufbauend, reinigend, kräftigend, antidepressiv, öffnend, stärkt die Begeisterungsfähigkeit
Rot	Wurzelchakra
	Blut, Körperlichkeit, Lebenskraft, Energie, Tatkraft, Liebe, Willenskraft, aber auch Hass, Aggression, Krieg und Gefahr
	feurig, wärmend, energetisierend, stärkt den Kontakt zum Körper und das Selbstvertrauen

Gerade wenn Sie mit Chakras arbeiten, können die Antworten Sie verblüffen. So kann z.B. das feurige Rot statt aktivierend beruhigend auf das Wurzelchakra wirken, während dieses durch die Komplementärfarben Grün und Violett angeregt wird. Grün kann außerdem Blockaden lösen. Farben können ebenso wie Heilpflanzen homöopathisch oder allopathisch wirken.

Seien Sie nicht verzagt, wenn herauskommt, dass Ihre Wohnung oder Ihre Kleidung in »ganz falschen« Farben gehalten ist. Sie können mit wenigen Akzenten – einem farbigen Unterhemd, Schal, Sofaüberwurf, Wandbehang oder Bild – die Atmosphäre ändern, ohne Ihre komplette Garderobe erneuern oder die Wohnung renovieren zu müssen.

HÄUFIGE WOHNGIFTE

- Aldehyde
- Alkohole
- Asbest
- Biozide
- Fettsäuren
- Formaldehyde
- Glykole und Glykolether
- Hausstaub
- Ketone
- Kohlenwasserstoffe
- Pestizide
- Phthalate
- Pyrethroide
- Säuren
- Schimmelsporen
- Terpene

Chemikalien

Was für Lebensmittel gilt, das gilt auch für die Textilien und anderen Materialien, mit denen wir uns umgeben. Es ist sicher eine gute und nachhaltige Idee, Abfallplastik zu Stoff zu verarbeiten (ein sogenanntes Upcycling), aber ob es gesund ist, dieses Material am Körper zu tragen, ist eine andere Frage. Der Baumwolle sehen wir nicht an, mit welch schädlichen Pestiziden sie behandelt und mit welchen chemischen Stoffen sie gefärbt und imprägniert wurde. Es ist in jedem Fall wichtig, alle Materialien, die Sie direkt auf der Haut tragen (besonders auch Bettwäsche), vor dem ersten Benutzen einmal oder besser mehrmals zu waschen.

Auch ist es aus der Mode gekommen, die handgeschreinerten Vollholzmöbel unserer Eltern oder Großeltern zu übernehmen. Stattdessen werden neue Möbel gekauft, billig und in Fernost produziert, und des Öfteren ausgetauscht. Mit jedem neuen Möbelstück kommen jedoch, ebenso wie mit Teppichboden, Laminat oder Tapete, Fremd- und Schadstoffe in Ihr Umfeld, denen Sie täglich ausgesetzt sind. Und auch, wenn Sie sich mit natürlichen, unbehandelten Materialien umgeben, können Sie immer noch gegen diese allergisch sein.

Testen Sie sich durch Ihren Kleiderschrank und Ihre Wohnung, und prüfen Sie Neuware vor dem Kauf!

Vorgehen:
Nutzen Sie Ihre Antennenhand, und richten Sie diese auf Teppich- oder Farbmuster, halten Sie sie über das Möbel- oder Kleidungsstück. Warten Sie auf die Antwort der Rute, die Ihnen sagt, welcher Art die Energie des jeweiligen Objekts ist, fragen Sie den Energiewert nach Bovis ab, oder stellen Sie Ihre konkrete Frage. Lassen Sie der Rute Zeit, zu antworten. Sie können auch Stoffproben, Proben verschiedener Materialien oder eine Liste mit diesen nutzen, um vorab die Auswahl einzugrenzen. Ebenso können Sie eine Liste mit bekannten Schadstoffen oder Fremdenergien anfertigen.

Beispiele für Fragen, die Sie stellen können:

- »Ist dieser Stoff verträglich für mich?«
- »Ist dieser Stoff optimal für mich zu tragen?«
- »Enthält dieses Material Schadstoffe oder dünstet Schadstoffe aus, die meine Gesundheit beeinträchtigen?«
- »Reagiere ich auf dieses Material allergisch?«
- »Tut mir/meiner Familie/meinen Mitbewohnern dieses Möbelstück gut?«
- »Haftet diesem Möbelstück eine Energie an, die mir nicht zuträglich ist? Wenn ja, ist es …?«

TIPP: Dass unsere Gesundheit durch chemische Ausdünstungen beeinträchtigt wird, fällt nicht mehr in den Bereich der Esoterik. Die vielen Warenrückrufe und Sicherheitswarnungen der Verbraucherschützer belegen dies. Es sind jedoch nicht nur messbare Substanzen, die in unserem Umfeld auf uns einwirken. Jedes Objekt ist außerdem von der Eigenschwingung seiner Hersteller, Verkäufer und Vorbesitzer geprägt und, im Fall von Büchern oder sonstigen Informationsträgern, auch von seinem Inhalt. Wenn Sie das Gefühl haben, dass etwas in Ihrem Umfeld Sie stört, dann denken Sie daran, auch auf derartige energetische Einflüsse zu testen.

Elektrische Geräte und Funkwellen

Dass und wie Farben oder Materialien auf nicht messbare Weise unser Leben beeinflussen, mag zum Teil von der gängigen Wissenschaft abgestritten werden. Dass Elektrogeräte, insbesondere alle, die heute »smart« sind, strahlen, steht jedoch außer Frage. Noch vor wenigen Jahren war es möglich, sich gegen derartige Strahlung abzuschirmen, indem Fernseher in Schränken hinter Alufolie verbaut und Kleingeräten einfach der Stecker gezogen wurde.

Inzwischen ist es nahezu unmöglich, wirklich strahlungsfrei zu leben. Die Digitalisierung hat vieles im Leben vereinfacht und verbilligt: Jederzeit können wir jede Musik hören, jedes Buch lesen, beides in einer schlaflosen Nacht um 1 Uhr erwerben, ohne das Bett verlassen zu müssen. Jederzeit ist jede Information nur ein paar Klicks entfernt. Wasseruhren und Heizungszähler funken die Zählerstände direkt an den Servicemitarbeiter, ohne dass dieser einen Termin ausmachen oder die Wohnung betreten muss.

ELEKTROSMOG

Elektrosmog setzt sich zusammen aus den technischen Strahlungen und Wellen der Fernseh- und Radiosender, Hochspannungsleitungen, Satellitenanlagen, Handys und smarten Geräten aller Art, 4G- und 5G-Netzen, Computer und Laptops, Leuchtstoffröhren, Mikrowellen, Funkuhren usw.

Diese Bequemlichkeiten kommen zu einem hohen Preis. Mehr als je zuvor sind wir ständig und überall großen Mengen von Strahlung ausgesetzt. Der erste Schritt, Strahlung wenigstens zu reduzieren, besteht darin, wo immer es geht auf Wi-Fi und Bluetooth zu verzichten und zum guten alten LAN-Kabel zu greifen. Die Spülmaschine muss nicht per WLAN angesteuert werden, ebenso wenig wie das Auto. Schalten Sie Geräte ganz aus, oder versetzen Sie sie in den Flugmodus, wenn sie nicht benötigt werden. Insbesondere das ständige Tragen von Bluetooth-Earbuds steht im Verdacht, Hirntumore auszulösen. Auch Headsets und Kopfhörer gibt es noch mit Kabel. Verbannen Sie in jedem Fall Geräte, die sich permanent mit dem Internet verbinden, aus dem Schlafzimmer. Es ist erst einmal schwierig, die Erreichbarkeit und die Bequemlichkeit des kabellosen Bedienens und Steuerns einzuschränken. Ihre Gesundheit wird es Ihnen aber danken.

Vorgehen:
Diese Art der Testung kann vor Ort vorgenommen werden, indem Sie Ihre Wohnung und die aufgestellten Geräte abgehen, oder Sie können sie mental durchführen, indem Sie sich die Orte vorstellen. Ein gutes Hilfsmittel ist auch ein Grundriss der Wohnung oder des Hauses. Nutzen Sie Antennenhand oder -finger, je nach Methode, für die Sie sich entschieden haben. Verweilen Sie an der zu testenden Stelle oder dem Gerät. Warten Sie auf die Antwort der Rute, die Ihnen sagt, welcher Art die Energie des jeweiligen Objekts ist, fragen Sie den Energiewert nach Bovis ab, oder stellen Sie Ihre konkrete Frage. Lassen Sie der Rute Zeit, zu antworten.

Beispiele für Fragen, die Sie stellen können:

- »Liegt hier Strahlung vor und beeinflusst meinen Schlafplatz/meine Konzentration?«
- »Beeinträchtigt dieses Gerät meine Gesundheit?«
- »Wie hoch ist die Strahlung, die von diesem Gerät ausgeht?«
- »Ist dies der optimale Platz für dieses Gerät?«

Werden Sie konkreter, und fragen Sie auch z. B.: »Wie viele Stunden kann dieses Gerät eingeschaltet bleiben, ohne dass es meine Gesundheit beeinträchtigt?«

TIPP: Nutzen Sie für diese Art der Arbeit auch einmal Winkelruten, denen Sie Aufgaben wie »Zeige mir die größte Störquelle in meiner Wohnung«, »Zeige mir den besten Platz für dieses Gerät« oder »Zeige mir den strahlungsärmsten Bereich im Haus« stellen, und lassen Sie sich dann die Richtung zeigen.

Leider wird es nicht möglich sein, alle Störquellen dieser Art auszuschalten oder ihnen aus dem Weg zu gehen. Daher ergibt es Sinn, mit der Rute diejenigen Geräte ausfindig zu machen, von denen die meiste schädliche Strahlung ausgeht, und diejenigen Plätze in der Wohnung zu bestimmen, die besonders strahlungsreich bzw. strahlungsarm sind. Darauf wird im folgenden Abschnitt noch einmal genauer eingegangen, da natürlich nicht nur technische Strahlung an der Ausbildung von sogenannten Reizzonen beteiligt ist. Hier soll es erst einmal darum gehen, die beeinflussbare Umgebung zu untersuchen und zu verbessern.

NATÜRLICHE STÖRZONEN: GEOPATHOGENE ZONEN

Wir sind alle ständig Strahlungen ausgesetzt, tags wie nachts. Ein Teil davon ist hausgemacht. Unser Konsumverhalten und Lebensstil spiegeln sich im Maß technischer Strahlung wider, die auf uns einwirkt. Es sind aber nicht nur die Schwingungen von Kunststoffen, Elektrosmog und Funknetzen, die unsere Gesundheit beeinträchtigen können, sondern auch die natürlichen Strahlungen, die den meisten Menschen nicht bewusst sind: Strahlung der Erde (Erdstrahlung und terrestrische Strahlung) sowie die aus radiästhetischer Sicht weniger relevante kosmische Strahlung aus dem All.

Erdstrahlung

Wie der Mensch eine Aura hat – feinstoffliche Körper, die nicht wahrnehmbar für die physischen Sinne den materiellen Körper umgeben –, so hat die Erde selbst ebenfalls eine strahlende Hülle: das Magnetfeld. Aus der Interaktion dieses Magnetfelds mit der Erdrotation und der Strahlung aus dem Kosmos entsteht ein energetisches Streifensystem, das sich in geometrischen Netzen über den Globus zieht. Radiästheten kennen verschiedene dieser sogenannten Gitternetze. Die bekanntesten sind das Benker-Kubensystem, das Hartmann'sche Globalgitternetz und das Curry-Netz. Die Energie der Störzonen oder Reizzonen, die von den Streifen und besonders den Knotenpunkten ausgeht, gilt als gesundheitsbeeinträchtigend.

In Radiästhetenkreisen werden verschiedene Kuben- und Gittermodelle für die Arbeit herangezogen.

Die drei wichtigsten Gittersysteme:

- Das **Hartmann-Gitter** verläuft in einer Nord-Süd- bzw. Ost-West-Ausrichtung rund um den Globus. Es soll sich auf die Schlafqualität auswirken, hat aber ansonsten keine gesundheitsstörenden Einflüsse. Die Reizstreifen sind etwa 15 bis 20 cm lang und 2 m (Nord-Süd) bzw. 2,50 m (Ost-West) weit voneinander entfernt.
- Das **Curry-Gitter** verläuft diagonal zum Hartmann-Gitter, also in Richtung der Zwischenhimmelsrichtungen (Südwest–Nordost). Es hat eine stärkere pathogene Wirkung als das Hartmann-Gitter. Die Streifen sind etwa 60 cm breit, und die Maschenbreite beträgt 3 bis 4 m.

- Das **Benker-Gitter oder -Kubensystem** hat den gleichen Verlauf wie das Hartmann-Gitter, aber zusätzlich zur horizontalen auch eine vertikale Ausdehnung. Es wirkt besonders krank machend, wenn es sich mit dem Hartmann-Gitter überschneidet. Die Reizstreifen sind ca. 1 m breit, und die Maschenbreite beträgt 10 m.

Während diese Gitternetze regelmäßig angeordnet sind und global gemessen werden können, unterliegen die einzelnen Streifen leichten Schwankungen von 20 bis 60 cm. Diese scheinen abhängig von der Tageszeit, der Jahreszeit, der Mondphase und dem Wetter zu sein – was vermutlich auf Änderungen der Strahlungsqualität aus der Ionosphäre zurückzuführen ist.

Aber nicht nur Gitternetze und das Magnetfeld selbst können Störzonen hervorbringen. Weitere elektromagnetische Effekte gehen von unterirdischen Wasseradern aus und entstehen durch Bewegungen von Gesteinsschichten. In den Bereich der Erdstrahlung fällt auch die terrestrische Strahlung – Gammastrahlung, die von radioaktiven Gesteinen im Boden ausgeht.

SCHEMA DER GITTERSYSTEME

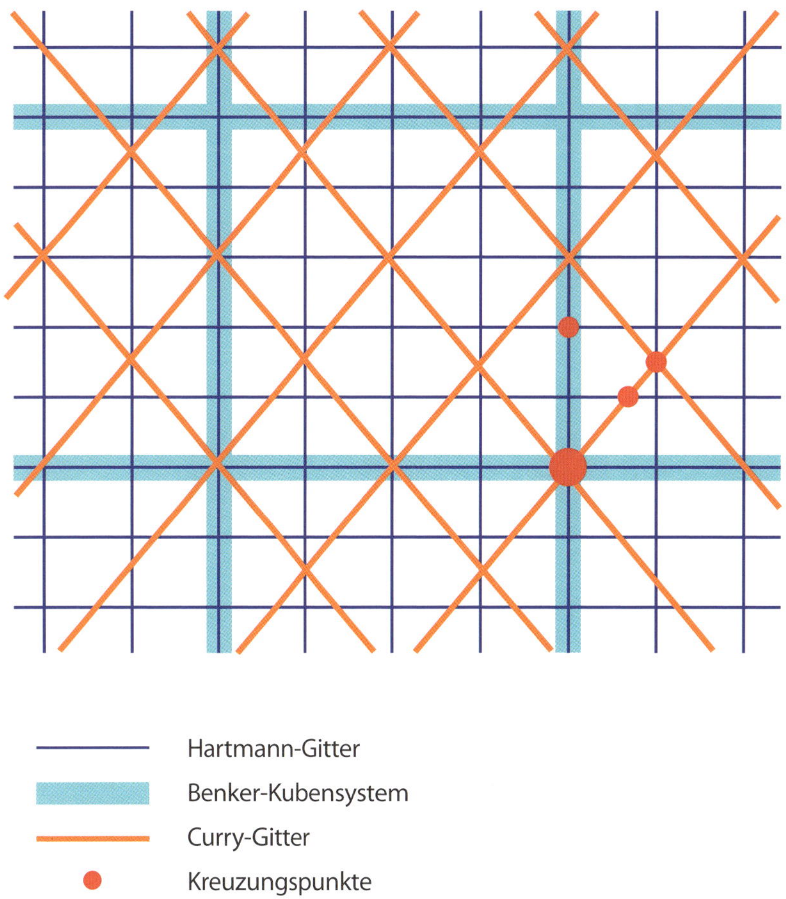

Wasseradern

Wasseradern, die wohl bekanntesten »Bösewichte« der Radiästhesie, entstehen, indem Regenwasser durch das Erdreich sickert, auf wasserundurchlässige Schichten trifft und an ihnen entlang weiterfließt. Durch diese Strömung entsteht an den Randzonen der wasserführenden Formation Strahlung in Gestalt von Reibungselektrizität, die über dem Erdboden messbar ist. Je nach geologischen Bedingungen und Bodenbeschaffenheit können Wasseradern sehr unterschiedliche Formen haben. Im Gegensatz zu den zuvor beschriebenen Gittersystemen sind sie nicht stabil, sondern können sowohl breiter oder schmaler werden als auch ihren Lauf komplett ändern. Beachten Sie dies, und testen Sie nach, wenn in Ihrer Nähe neu gebaut wurde!

Wasseradern sind für den Rutengänger gekennzeichnet durch zwei Ankündigungszonen rechts und links von der Haupt- und Schwerpunktzone, also dem eigentlichen unterirdischen Wasserlauf. Die Lage und Breite der einzelnen Zonen sind von der Tiefe, den Bodenschichten und der Beschaffenheit abhängig.

Übrigens: Stehende Gewässer und Wasser als Element stellen keine Störzonen dar! Ein nahe an Ihrem Haus vorbeifließender Fluss kann jedoch schon einiges von Ihrer Energie mitnehmen. Ein an dieser Seite platzierter Bergkristall schafft Abhilfe.

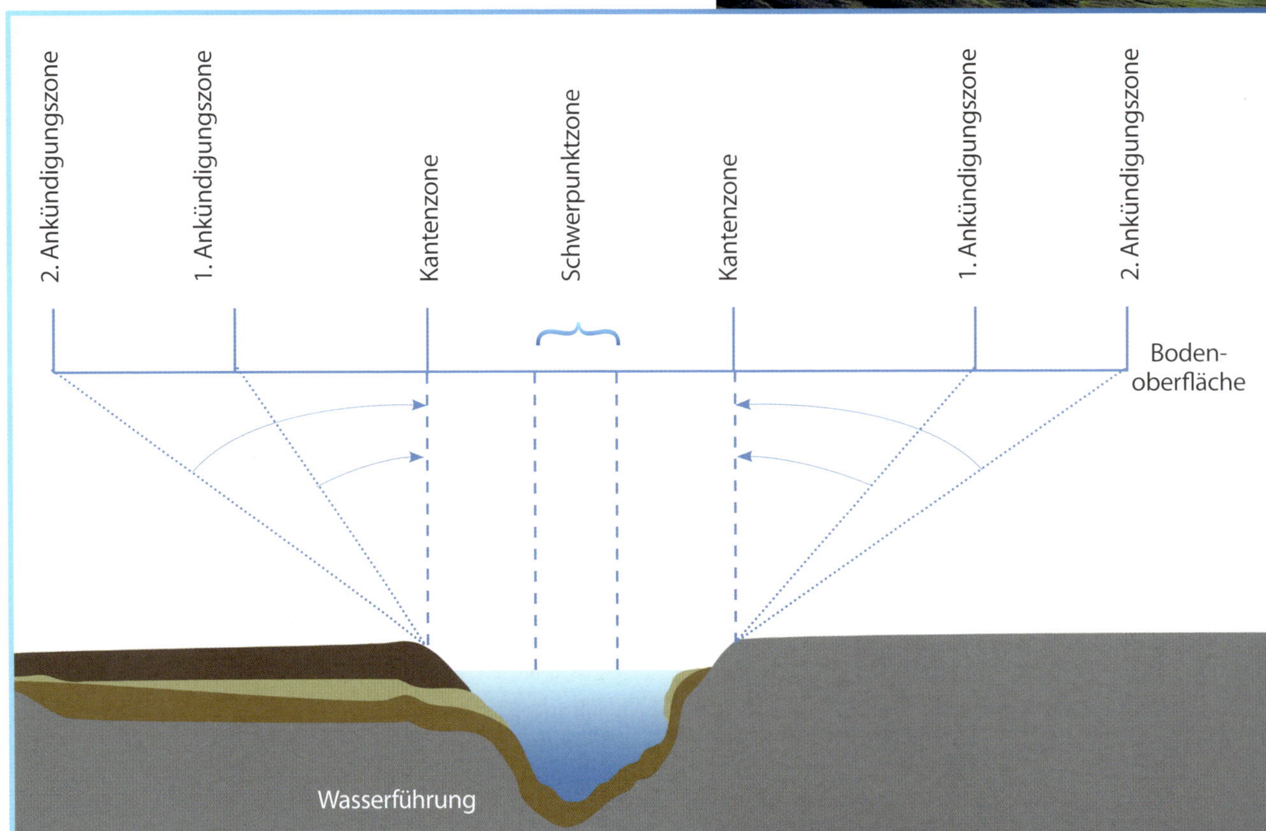

Verwerfungen

Verwerfungen sind unterirdische Spalten, Risse und Zerklüftungen in der Erdkruste. Sie entstehen durch tektonische Bewegung im Erdinneren. Während starke Bewegungen (durch Erdbeben oder die Verschiebungen der Kontinentalplatten) sichtbare Verwerfungen hervorrufen, sind die weitaus häufigeren kleinen Verwerfungen mit dem bloßen Auge nicht zu erkennen. An diesen Stellen treten meist eine erhöhte radioaktive Strahlung und eine vermehrte Emission von Radongas aus den tieferen Gesteinsschichten auf. Messbar sind an diesen Stellen auch verstärkte erdmagnetische Kräfte. Verwerfungen sind häufiger in bergigen Gegenden zu finden als im Flachland.

VERWERFUNGEN

All diese Formen von Erdstrahlung (manchmal auch als »radiästhetische Strukturen« bezeichnet) haben gemeinsam, dass sie die Gesundheit derjenigen, die sich dauerhaft auf ihnen aufhalten, beeinträchtigen können. Ein ganzer Zweig der Radiästhesie beschäftigt sich deshalb mit Geobiologie oder Geopathologie, also den gesundheitsbeeinträchtigenden Einflüssen der Geologie. Darauf basierend ist die Baubiologie entstanden, die Untersuchung und Optimierung von Wohnräumen. Ihr Hauptzweck liegt darin, Gebäude so anzulegen oder umzugestalten, dass stark genutzte Räume und insbesondere Schlafstätten nicht direkt in eine Störzone fallen.

Übrigens: Das Auffinden radiästhetischer Strukturen mithilfe der Rute wird »Muten« genannt.

PFLANZEN UND TIERE ALS STRAHLUNGSZEIGER

Im Gegensatz zum Menschen, der nur noch selten auf seine Instinkte hört oder Sinne jenseits der wissenschaftlich anerkannten benutzt, nehmen Tiere wie auch Pflanzen Strahlungen wahr. Dabei gibt es Arten, die intuitiv strahlenreiche Plätze bevorzugen oder dort besonders gut gedeihen, und solche, die diese meiden. Erstere sind dabei Wassersucher, d. h., sie ziehen Plätze entlang oder auf einer Wasserader vor.

STRAHLENSUCHER

- **Tiere:** Ameise, Biber, Biene, Ente, Eule, Katze, Maulwurf, Schlange, Wespe
- **Pflanzen:** Brennnessel, Eiche, Erle, Farn, Fichte, Fingerhut, Herbstzeitlose, Holunder, Johanniskraut, Lärche, Minze, Steinobst, Tanne, Weide

Efeu, Ginster und Wacholder bevorzugen weniger Wasseradern als vielmehr Verwerfungen. Auch Wildwechsel finden sich gern entlang unterirdischer Wasseradern oder Verwerfungen.

STRAHLENFLÜCHTER

- **Tiere:** Dachs, Fuchs, Huhn, Hund, Kaninchen, Pferd, Rehwild, Rind, Schaf, Schwein, Vögel, Ziege – und Mensch
- **Pflanzen:** Azalee, Begonie, Buche, Flieder, Kaktus, Kernobst, Linde, Nelke, Rose, Sonnenblume

Stehen strahlenflüchtende Bäume auf Störzonen, gedeihen sie entweder schlecht oder zeigen anormale Wuchsformen wie Drehungen, Schrägwuchs, Wimmerwuchs oder Verdopplung des Stamms. Auch Krebsgeschwüre kommen häufiger vor.

Möchten Sie ein Baugelände für die optimale Platzierung Ihres Hauses untersuchen, so begutachten Sie unbedingt zuerst die Flora. Sie liefert Ihnen wertvolle Hinweise, die Sie danach mit der Rute näher austesten können. Bedenken Sie jedoch, wenn Sie z. B. Ihre Haustiere in der Wohnung als Zeiger nutzen möchten, dass diese nicht nur von der Wahrnehmung von Strahlung geleitet werden. Die Katze liegt vielleicht lieber auf dem strahlenarmen Sofaplatz, der von Ihnen angewärmt wurde, als in der strahlungsreicheren kalten Ecke an der Tür, wohingegen der Hund ein größeres Maß an Strahlung toleriert, um bei Ihnen im Bett zu schlafen.

Energetische Wirkung der Erdstrahlung

Die Streifen des Hartmann-Gitters sind für sich genommen harmlos. Da die einzelnen Gittersektoren alternierend polarisiert sind, wirken sie entweder anregend oder dämpfend. Am ehesten stören die Knotenpunkte den Tiefschlaf, was sich in Müdigkeit und Abgeschlagenheit äußern kann. Treffen diese Punkte jedoch auf andere Störstreifen wie Wasseradern oder das Curry-Gitter, so können sie eine massive energetische Unruhe auslösen.

Die Knotenpunkte des Curry-Gitters sind stark energetisierend, was beim Menschen zu Unruhe, Herzrasen und Nervosität führen kann und sich insbesondere auf die Schlafqualität auswirkt. Pflanzen zeigen an solchen Stellen ein auffällig starkes Wachstum.

Das Benker-Kubensystem stellt man sich am besten wie eine Übereinanderstapelung von Würfeln vor, wobei die Polarität wiederum von Würfel zu Würfel wechselt. Energetisch unangenehm kann es sein, sich an den Seitenflächen eines Würfels aufzuhalten. Dies wird auch hier verstärkt, wenn sie mit einem der zuvor genannten Knotenpunkte zusammenfallen.

Für Wasseradern gilt, dass sie generell energieabziehend wirken und dies umso mehr, je schmaler sie sind und je schneller das Wasser fließt – solche Wasseradern werden »scharf« genannt. Es wird vermutet, dass es eher Reibungsdruck und Fließgeschwindigkeit sind, die sensiblere Menschen im Schlaf wahrnehmen, als eine tatsächliche Form von Strahlung. Besonders gesundheitsbeeinträchtigend sind bei Wasseradern Kreuzungen, und je näher der Oberfläche die Ader liegt, desto größer ist ihr Einfluss.

Auch wenn sowohl hier als auch im größten Teil der Literatur von Erdstrahlen aller Art als schädlich oder gesundheitsbeeinträchtigend gesprochen wird, sei an dieser Stelle angemerkt, dass dies nicht für jedes Individuum gelten muss. Die Energien dieser Störzonen sind erst einmal nur Energien. Einige sind anregend, andere ziehen Energie ab. Während manche Menschen sich nach einem abendlichen Schwarztee ruhelos im Bett wälzen, hilft er anderen beim Einschlafen. Ebenso ist vielleicht die Energie eines bestimmten Kreuzungspunkts genau diejenige, die Sie benötigen, um kreativ zu arbeiten oder Ihr Fitnessgerät auch zu nutzen. Die Erdstrahlung gehört zu dem Leben auf diesem Planeten dazu. Sie ist überall, und solange wir leben, sind wir ihr ausgesetzt. Wenn Sie Ihr ganzes bisheriges Leben in einem Haus mit turbulenten radiästhetischen Phänomenen verbracht haben, sind Sie womöglich schlicht diese Energieniveaus gewöhnt und haben sich entsprechend angepasst. Achten Sie also vielleicht darauf, wie Sie persönlich auf die verschiedenen Energien reagieren, und befragen Sie auch dazu die Rute.

TIPP: Spiegel, Stehlampen und Gerümpel in den Wohnräumen können Wasseradern reflektieren oder sogar allein eine ähnliche Wirkung hervorrufen!

Alle diese Wellen und Strahlungen können mit der Rute festgestellt werden. Dabei ist es möglich, die Art der Strahlung zu bestimmen, die Stärke und auch die Ausmaße der Störzone festzustellen.

Vorgehen:
Diese Art der Testung kann vor Ort vorgenommen werden, indem Sie das Gelände oder Ihre Wohnung abgehen. Sie können dies aber auch, gerade wenn es sich um ein größeres Gelände wie ein Baugrundstück handelt, mithilfe einer Karte durchführen. Nutzen Sie den Antennenfinger, oder testen Sie rein mental. Wenn Sie im Gelände testen, dann lassen Sie der Einhandrute genug Zeit, zur Ruhe zu kommen, und bedenken Sie, dass diese Art Instrument feiner reagiert als klassische Gabel- oder Winkelruten. Warten Sie auf die Antwort der Rute,

die Ihnen sagt, welcher Art die Energie des jeweiligen Platzes ist, fragen Sie den Energiewert nach Bovis ab, oder stellen Sie Ihre konkrete Frage.

Beispiele für Fragen, die Sie stellen können:

- »Ist hier eine störende Strahlung feststellbar?«
- »Ist die hier feststellbare Strahlung eine Erdstrahlung? Ist es kosmische Strahlung? Oder Elektrosmog?«
- »Befindet sich hier ein Kreuzungspunkt?«
- »Befindet sich hier eine Wasserader? Eine Verwerfung?«
- »Liegt hier eine Erdstrahlung vor und beeinflusst den Schlafplatz?«
- »Ist dies die optimale Stelle für den Schlafplatz?«
- »Ist dies die optimale Stelle mit der geringsten Beeinträchtigung für unsere Gesundheit, um unser Haus zu bauen?«

FELDBEGEHUNG

Diese Methode können Sie nutzen, um ein Feld (ein Baugrundstück, eine Wohnung, einen Raum) systematisch auf Wasserquellen und Wasseradern, Verwerfungen und Gitternetze oder Bodenschätze abzugehen und die Ergebnisse schriftlich festzuhalten. Für die Dokumentation fertigen Sie eine maßstabsgerechte Skizze des Geländes an, in die Sie dann anhand der Hilfslinien die Fundorte bzw. Ergebnisse eintragen. Es ist sinnvoll, diese Feldbegehung mit einem Assistenten durchzuführen, der die Eintragungen übernehmen kann.

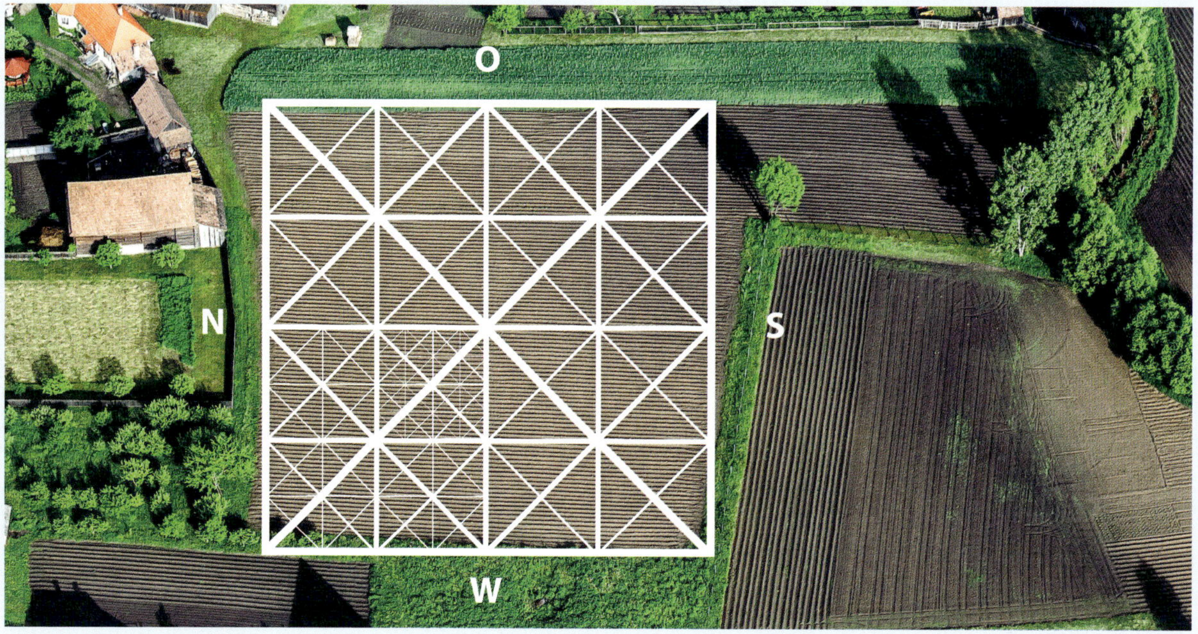

Wasseradern und Verwerfungen: Stecken Sie das Feld zunächst mit Holzpflöcken ab (einen Wohnraum z. B. mit Steinen oder Tassen), und verbinden Sie diese entlang der Außengrenzen mit Schnüren. Der erste Test verläuft langsam mit der Rute in der Hand entlang der Seitenlinien. Halten Sie Ihre Frage im Geist: »Ist hier eine Wasserader/Verwerfung unter meinen Füßen?« Schlägt die Rute aus, so wird dies sowohl im Feld als auch auf der Karte markiert. Als zweiten Schritt verbinden Sie die Pfosten über die Diagonale, sodass das Feld in vier Dreiecke unterteilt ist. Schreiten Sie auch diese Markierung ab. Als dritten Schritt ziehen Sie mittig von jeder Seite des ursprünglichen Rechtecks eine Schnur, sodass das Feld in vier Rechtecke unterteilt ist. Gehen Sie wie zuvor erst die Seitenlinien dieser neuen Rechtecke ab, danach markieren Sie die Diagonalen und gehen diese ab. Je nach Feldgröße kann dieser Schritt wiederholt werden, bis das komplette Gebiet systematisch untersucht ist.

Diese Methode ist genauso geeignet, um Bodenschätze oder archäologische Funde aufzuspüren. Ändern Sie während der Begehung weder die Haltung der Rute noch die Frage, die Sie mental halten.

Gitternetze: Anders als Wasseradern, Verwerfungen oder Bodenschätze, deren Lage unregelmäßig oder punktuell sein kann, sind Gitternetze weitgehend regelmäßig angeordnet mit gleichbleibenden Breiten und Abständen der Streifen. Bei der Kartierung können Sie mit einem Kompass arbeiten. Dazu stellen Sie zunächst fest, wo Norden ist. Beginnen Sie die Begehung entlang der Nord-Süd-Achse, indem Sie fragen: »Ist hier, wo ich stehe, ein Streifen des Hartmann-Gitternetzes?« Den ersten Streifen finden Sie innerhalb der nächsten 2 m. Dieser Punkt wird markiert. Testen Sie nun die Breite des Streifens. Auf diese Weise können Sie den Verlauf des Hartmann-Gitters in Nord-Süd-Richtung kartieren. Testen Sie danach die im rechten Winkel verlaufende zweite (Ost-West-)Achse, auf der die Streifen ca. 2,5 m voneinander entfernt sind. Sie haben nun das gesamte Gitter inklusive der störungsreichen Kreuzungspunkte sichtbar gemacht. Danach können Sie das Curry-Gitter mit seiner Maschenbreite von 3 bis 4 m analog über die Zwischenhimmelsrichtungen (Südwest-Nordost) untersuchen.

Nun haben Sie eine detaillierte Karte Ihres Baugrundstücks bzw. Hauses oder Zimmers und können die besonders störungsreichen Zonen der Kreuzungspunkte (Kreuzungen der beiden Gitter sowie der Gitter mit Wasseradern) bei der Planung einbeziehen.

Entstörung

Strahlung ist überall. Wir können unser Bestes geben, den als störend oder belastend getesteten Zonen aus dem Weg zu gehen, aber oftmals ist noch nicht einmal das möglich. Wo Ausweichen und Abstand keine Lösungen sind, kommt Entstörung infrage. Damit ist die Abschirmung oder Abschwächung von Strahlung gemeint. Im Handel werden hierzu unzählige Produkte angeboten – von Metall- oder Magnetplättchen über Matten und Gitter fürs Bett und Schmuck bis hin zu Hautsprays und Kristallen. Ob und welche davon für Sie sinnvoll sind, können Sie mit der Rute testen. Bedenken Sie, dass Produkte, die Strahlung abschirmen, diese zumeist reflektieren, also ablenken, was in Innenräumen problematisch sein kann. Wenn Sie Maßnahmen ergreifen, testen Sie auf alle Fälle deren Wirkung, indem Sie die Strahlung vorher und nachher messen und dokumentieren.

Spätestens seit Corona gelten »Aluhutträger«, also Menschen, die sich z. B. vor 5G-Strahlung schützen wollen, als etwas realitätsfern. Aber nicht alles, was in einen Topf geworfen wird, gehört auch hinein. Sich über die zunehmende Strahlenbelastung im Alltag Gedanken zu machen, ist absolut legitim und nicht paranoid. Deshalb sei an dieser Stelle abschließend erwähnt, dass über das Bayrische Landesamt für Umwelt ganz offiziell die Broschüre »Schirmung elektromagnetischer Wellen im persönlichen Umfeld« bestellbar ist.

GEOLOGISCHE RADIÄSTHESIE

An dieser Stelle schließt sich der Kreis zu den Anfängen des Rutengehens, dem ursprünglichen Einsatzgebiet der Rute: ihrer Nutzung zum Aufspüren von Wasser. Generell ist es in Mitteleuropa mit seinen flächigen Grundwasservorkommen heutzutage kaum ein Problem, Wasser zu finden. Die Lage des eigenen Brunnens im Garten kann meist nach praktischen Gesichtspunkten erfolgen – es wird dort gebohrt, wo er nicht im Weg ist, aber gut erreichbar. Auf Wasser trifft man meist ab einer Tiefe von 6 m.

In früheren Zeiten jedoch, als noch von Hand gegraben werden musste, war das Anlegen eines Brunnens ein umständliches und gefährliches Unterfangen. Und wo Grundwasser nicht oberflächennah reichlich zu finden ist, sondern – wie in Teilen Afrikas – teilweise erst in 100 m Tiefe, ist das Bohren eines Brunnens noch immer ein Aufwand, der nur nach sorgfältiger Auswahl des Standorts unternommen wird. Soll also ein nutzbares Wasservorkommen gefunden werden, ist es notwendig, neben dem Standort auch die Tiefe des Grundwasserspiegels oder der Wasserader zu bestimmen – und nach der Qualität des Wassers zu fragen. Liegt Ihr Grundstück am Hang eines Weinbergs oder inmitten intensiv bewirtschafteter Felder, so wird die Antwort anders ausfallen, als wenn es von Wald umgeben ist.

Vorgehen:
Eine geeignete Stelle finden Sie genau so, wie Sie auch nach Störzonen suchen: Sie gehen das Gelände mehr oder weniger systematisch ab. Dabei halten Sie die Rute locker in der Hand. Fokussieren Sie sich auf Ihre Frage, und lassen Sie der Rute genug Zeit, die Antwortschwingung zu zeigen.

Beispiele für Fragen, die Sie stellen können:

- »Ist hier der ideale Standort für meinen Brunnen?«
- »Befindet sich hier ein für einen Brunnen geeignetes Wasservorkommen?«

Die Rute wird Ihnen entweder Ja-/Nein-Antworten geben oder durch Kreisen die Veränderung der Energie anzeigen.

TIPP: Um sich die Fokussierung einfacher zu machen, können Sie eine Ampulle oder ein Glas Wasser in Ihrer Antennenhand halten.

Um die Tiefe des Wasserreservoirs auszutesten, können Sie sich entweder mental meter- oder halbmeterweise vortasten oder die folgende Methode verwenden: Haben Sie Ihre Wasserader lokalisiert, markieren Sie sie mit einem Pfosten oder Stein. Weisen Sie Ihre Rute an, Ihnen durch eine Änderung der Schwingrichtung anzuzeigen, sobald Sie die Entfernung erreicht haben, die der Tiefe des Wasservorkommens entspricht. Gehen Sie jetzt langsam auf einer geraden Linie von Ihrer Markierung weg, bis die Rute die gewünschte Antwort gibt. Messen Sie nun die Entfernung zu Ihrer ursprünglichen Markierung.

Anschließend können Sie weitere Fragen, z. B. nach der Ergiebigkeit der Quelle und der Wasserqualität stellen.

Die eben beschriebenen Methoden eignen sich natürlich nicht nur zum Finden einer Wasserquelle. Auf dieselbe Weise können Sie Bodenschätze jeglicher Art aufspüren, aber auch Ihre Hauptwasserleitung, die Tiefe, in der sie liegt, sowie mögliche Lecks.

Finden, was Sie suchen

Die Anwendungsmöglichkeiten der Rute sind nur durch Ihre Fantasie begrenzt. Das Finden von Wasser und Bodenschätzen gehört zu den traditionellen Aufgaben der Rutengänger. Sie werden von Wasserwerken angestellt, um Lecks zu finden, von Tiefbauunternehmen, um Rohre und Leitungen zu lokalisieren, im Bergbau, um Erzadern oder Edelsteinvorkommen aufzuspüren. Tatsächlich gibt es aber nichts, was Sie nicht mithilfe der Radiästhesie aufspüren könnten: Entlaufene Tiere, vermisste Personen, verlorene Gegenstände, Schmuggelware, nicht detonierte Weltkriegsbomben, Diebesgut, alte Grabstätten oder Fundamente – all dies können Sie mithilfe Ihrer Rute entdecken. Das Vorgehen richtet sich danach, was Sie suchen und wie groß das Gebiet ist, das Sie testen müssen. Während Sie auf der Suche nach dem Schlüsselbund problemlos Ihre Wohnung oder den Weg zwischen Haus und Auto ablaufen können, werden Sie in anderen Fällen aus der Ferne mittels einer Karte oder Skizze arbeiten müssen.

Kartenarbeit

Eine genaue Lokalisierung von radiästhetischen Strukturen kann generell auf zwei Weisen erfolgen: direkt im Feld, das systematisch abgegangen wird, oder anhand einer Karte. Tatsächlich bevorzugen nicht wenige Rutengänger die Arbeit mit der Karte, da sie so konzentrierter arbeiten können und nicht von Gegebenheiten vor Ort (die schlammige Pfütze, die aggressive Wespe, die Gartenhütte, die aussieht wie die von Opa) abgelenkt und beeinflusst werden.

Statt im Feld zu arbeiten und eine Karte anzufertigen, können Sie direkt eine fertige Karte benutzen und die gefundenen Strukturen später aufs Gelände übertragen. Diese Methode eignet sich besonders für das Finden – egal, ob es sich um Bodenschätze handelt, einen entlaufenen Hund oder ein verlorenes Handy.

Für die Kartenarbeit wird eine topografische Karte mit großem Maßstab benötigt. Kopieren Sie die Karte oder den relevanten Kartenausschnitt, wenn nötig vergrößert, sodass Sie hineinzeichnen können. Legen Sie auf der Karte ein Rastersystem an wie bei der Feldbegehung mit Pfosten und Schnur.

Nutzen Sie nun Ihren Antennenfinger entlang der seitlichen Rasterlinien, und fragen Sie, ob das gesuchte Objekt sich in dieser Reihe befindet. Warten Sie auf die Antwort der Rute. Erhalten Sie ein Ja für eine Reihe, so fragen Sie nun die Spalte bzw. die einzelnen Quadrate ab. Für die Feinarbeit innerhalb der Quadrate können Sie statt des Fingers einen Bleistift verwenden.

Bedenken Sie hierbei, dass Wunschdenken die Ergebnisse verfälscht, weshalb es sinnvoll sein kann, emotional geladene Suchaufträge an eine andere, neutrale Person abzugeben. Vergessen Sie nicht, dass Sie die besten Ergebnisse erzielen, wenn Sie einen leichten, spielerischen Geist bewahren. Leistungsdruck ist keine gute Voraussetzung für die Arbeit mit der Rute.

DIE ENERGIEN DER ERDE

Im vorherigen Kapitel haben wir Strahlungen der Erde und aus der Erde als überwiegend störend oder sogar schädlich kennengelernt, als etwas, was es zu meiden gilt. Es gibt allerdings auch das genaue Gegenteil: Orte, an denen wir uns unerklärlich inspiriert und energievoll fühlen, die unsere Stimmung heben und uns etwas von dem großen Geheimnis, den spirituellen Ebenen, spüren lassen. Befinden Sie sich auf einem solchen Platz, dann nehmen Sie sich doch die Zeit, seine Energie zu erkunden. In diesem Abschnitt möchte ich Ihnen kurz erklären, was es mit diesen Orten auf sich hat.

Ley-Lines

Als »Ley-Lines«, kurz »Leys«, auch als »Drachenlinien« oder »Heilige Linien« bezeichnet man die geraden geografischen Linien, die jeweils mindestens vier heilige Stätten und alte Kultplätze, teilweise aus prähistorischen Zeiten, verbinden. Sie bilden ein pulsierendes energetisches Netz, das den ganzen Globus überzieht, wenn auch nicht mit der Regelmäßigkeit, mit der es die vorher beschriebenen Gitternetze tun.

Entlang der Ley-Lines lassen sich Veränderungen des Magnetismus und der Gravitation messen. Sie wurden unabhängig voneinander in Großbritannien von Alfred Watkins und in Deutschland von Wilhelm Teudt entdeckt. Die bekannteste von ihnen ist wohl die St.-Michael's-Line, die Burrow Mump in Somerset, Glastonbury Tor, St. Michael's Mount und Avebury im südlichen Großbritannien verbindet – alles Stätten, die dem Erzengel Michael geweiht sind. Inzwischen wurde erkannt, dass diese Ley-Line nur der bekannteste Abschnitt einer viel längeren Linie ist, die über 4000 km von Irland (der Insel Skellig Michael) bis nach Israel (dem Kloster Stella Maris auf dem Berg Karmel) reicht.

Einige Autoren gehen davon aus, dass Ley-Lines menschengemachte Energielinien sind, die aus der Verbindung von Kraft- oder Kultplätzen entstehen – oder sogar auf alten Straßen beruhen. Andere vermuten, dass Kraft- und Kultplätze Orte besonderer Energie markieren, also von unseren Vorfahren intuitiv auf Ley-Lines erbaut wurden, ebenso wie Wege entlang positiver Energieströme angelegt wurden. Vielleicht möchten Sie über diese Frage einmal selbst reflektieren. Ich denke, dass es hier keine richtige oder falsche Antwort gibt, sondern die Wahrheit, wie bei der Frage nach dem Huhn und dem Ei, nicht im Entweder-oder, sondern im Sowohl-als-auch liegt: Tatsache ist, dass durch menschliche Aktivität, menschliche Emotionen, durch das, was an einem Ort passiert, dessen Energien verändert werden. Ein Pilgerpfad, den die Menschen mit spiritueller Intention gehen, wird eine andere Energie annehmen als die Mountainbike-Strecke oder die forstwirtschaftliche Schneise. Und diese Energie beeinflusst den Menschen. Wir hinterlassen unsere Spuren, aber die Energien der Erde hinterlassen ebenso ihre Spuren in uns.

Wie dem auch sei, für Rutengänger sind sowohl die Ley-Lines als auch die Orte, die sie verbinden, von großem Interesse. Wie erwähnt, lassen sich entlang der Linien Veränderungen der Schwingung messen. Aber nicht nur das: Jede einzelne Ley-Line zeigt ihre eigene energetische Signatur. Aus diesen Gründen werden die Ley-Lines in ihrer Gesamtheit als Meridian- oder auch Nervensystem der Erde angesehen. Ebenso wie bei Meridianen scheint auch die Energie dieser Linien zu pulsieren. Sie treten dabei paarig auf als zwei Bahnen unterschiedlicher Polarität, von denen eine entlang von Höhenzügen zu finden ist und die andere in Tälern oder nahe von Gewässern. Wo beide sich treffen, findet sich häufig eine Kultstätte oder ein Ort besonderer Kraft, auch als »Ley-Centre« bezeichnet.

Wenn Sie nicht die Möglichkeit haben, zu einer der besonders bekannten Energielinien zu reisen, dann recherchieren Sie doch einmal alte römische oder keltische Straßenzüge in Ihrer Umgebung und besuchen Sie sie mit Ihrer Rute. Auch ein lokaler kleinerer Pilger- oder alter Wanderweg oder der Kreuzgang eines alten Klosters kann interessante Energien aufweisen.

Vorgehen:
Suchen Sie sich einen interessanten Ort aus. Vielleicht wissen Sie schon, dass er Teil eines Initiationsweges ist oder sogar auf einer bekannten Ley-Line liegt. Oder Sie waren hier schon einmal spazieren, und Ihnen hat die Energie gefallen. Gehen Sie an diese Testung ohne Leistungsdruck und Erwartung heran, und stimmen Sie sich eventuell länger ein, als Sie das sonst gewöhnt sind. Lassen Sie am Ort Ihrer Wahl erst einmal Ihre alltäglichen Sinne schweifen: Was sehen Sie? Was hören Sie? Gehen Sie dann schrittweise nach innen. Was fühlen Sie? Was nehmen Sie wahr?

Wenn Sie sich bereit fühlen, nehmen Sie Ihre Rute, und messen Sie entweder das Energielevel (z.B. den Bovis-Wert), oder lassen Sie die Rute antworten, ohne eine Frage zu stellen. Messen Sie an verschiedenen Stellen – auf dem Weg und ein Stück daneben, auf der nächsten Hügelkette und in einer Senke.

Inzwischen fällt Ihnen die Interpretation der Ausschläge der Rute sicher nicht mehr schwer. Wenn Sie möchten, dann markieren Sie Ihre Entdeckungen auf einer Karte.

Beispiele für Fragen, die Sie stellen können:

- »Wie hoch schwingt die Energie an diesem Ort?«
- »Ist dies der Weg mit der höchsten Energie in dieser Gegend?«
- »Ist dies die richtige, optimale Richtung, um weiterzugehen?«

GEOMANTIE

Für den Begriff »Geomantie« gibt es verschiedene Definitionen. Wörtlich bedeutet er so viel wie »Weissagung (aus) der Erde« (von griechisch geo, »Erde«, und mantaia, »Sehen, Weissagen«). So war die Geomantie zunächst eine Form des Orakels, bei der Markierungen oder Muster auf der Erde oder im Sand interpretiert wurden. Später wandelte sich die Bedeutung vom »Weissagen aus der Erde« zum »Sehen der Erde«: zu der Kunst, die feinstofflichen Energien der Erde, der Landschaft, aber auch der menschlichen Umgebung mit seinen ganz eigenen Farben, Formen und Materialien zu lesen und zu interpretieren.

Das Spektrum der heutigen Geomantie reicht von der Erkundung von Erdenergielinien und Kraftplätzen bis hin zur Beurteilung und Optimierung des Wohnraums. Geopathologie, Baubiologie wie auch Feng-Shui fallen alle unter die Geomantie. Geomanten sind nicht nur Radiästheten, sondern auch Naturbeobachter, denn Flora und Fauna geben deutliche Hinweise auf die energetische Beschaffenheit eines Ortes. Wildwechsel, Ameisenhügel, das Vorkommen oder Fehlen bestimmter Baumarten oder Sträucher, sichtbare und nicht sichtbare Quellen, all dies verbindet sich mit der Wahrnehmung feinstofflicher Energien zu einem Gesamtbild. Mithilfe der Geomantie ist es möglich, vorhandenen Raum (egal, ob Garten, Wohnung oder Kultplatz) so zu gestalten, dass der Mensch in Harmonie mit der Energie der Umgebung sein kann.

Kraftorte und Energiezentren

Im Gegensatz zu »Ley-Lines« ist der Begriff »Kraftort« einer, der auch Nicht-Radiästheten geläufig ist. Die Definition ist jedoch nicht einheitlich. So ist es für manche ein Ort, an dem die Energien besonders harmonisch sind und inspirieren, für andere ein historisch, geistig, emotional und/oder rituell aufgeladener Platz. Ein Kraftort ist, einfach gesagt, ein Ort mit einer besonderen Energie und Ausstrahlung. Diese wird oftmals auch von Menschen wahrgenommen, die sich mit diesen Themen noch nie beschäftigt haben. Kraftorte können unterschiedlicher Art sein: ein besonders markanter Ort in der Natur, ein Berg, eine Quelle, ein alter Baum, eine Kirche, eine Grotte oder ein Steinkreis.

Gehen wir den dort herrschenden besonderen Energien aber radiästhetisch auf den Grund, so stellen wir fest, dass sie sich nicht einfach aus der Imposantheit des Menhirs oder der Schönheit der Natur erklären. Wie der Körper nicht nur Meridiane hat, durch die die Energie fließt, sondern auch Chakras, so hat die Erde nicht nur Energielinien, sondern auch Kraftzentren, die die Energien aufnehmen, transformieren, verteilen und aussenden. Sie sind Vortexe, die, achtsam getestet, in Gestalt einer Spirale erscheinen. Es gibt sie überall in verschiedenen Größen und Stärken, und über sie steht die Erde nicht nur in Verbindung mit allem Leben auf ihr, sondern auch mit dem ganzen Kosmos. Daher ist es kein Wunder, dass diese Orte eine besondere, erhebende, inspirierende Energie ausstrahlen.

Die größten und wichtigsten dieser Energiezentren werden als »Erdchakras« bezeichnet: Mount Shasta in Kalifornien, der Titicacasee in Peru, Uluru in Australien, Glastonbury in England, die Cheopspyramide in Ägypten sowie der Berg Kailash in Tibet. Neben diesen Hauptenergiezentren gibt es, genau wie im menschlichen Körper, kleinere Zentren und Nebenchakras. Diese können Sie überall finden: Jeder Ort, jede Landschaft, selbst Ihr Garten hat seine eigenen Energiezentren.

Generell waren unsere Vorfahren in prähistorischen Zeiten sensibel für die Energien der Erde und haben ihre Kultplätze nicht selten auf natürlichen Kraftorten errichtet. Auf manchen von ihnen stehen noch heute die alten Steinmonumente (Dolmen oder Menhire), während auf anderen zwischenzeitlich christliche Kirchen errichtet wurden. Oft finden sich unter den berühmtesten noch erhaltenen Kultplätzen besonders starke Energiezentren.

Sie müssen nicht weit reisen. Recherchieren Sie, wo in Ihrer Nähe alte Tempelanlagen oder Stelen ausgegraben wurden oder eine Kirche auf einem vorchristlichen Fundament steht. Auch in histori-

schen Dokumenten namentlich erwähnte Quellen, Grotten und Berge, Hügel- und Hünengräber sind interessante Orte für einen Rutengänger.

Übrigens: Im vorigen Abschnitt wurden bereits die Ley-Centres beschrieben, die Kreuzungspunkte von Ley-Lines, auf denen sich besonders häufig alte Kultplätze finden. Manche dieser Orte tragen sogar einen Hinweis darauf in ihrem Namen. Insbesondere in den ehemals von Kelten besiedelten Zonen Deutschlands um Eifel, Saar und Hunsrück finden sich auffällig viele Orte, die ein »Ley/Lay« im Namen tragen. Diese lohnt es sich zu untersuchen!

Vorgehen:
Der Rutengänger kommuniziert mit einem lebendigen System, einer beseelten Energiequelle oder einem -feld. Verbinden Sie sich bewusst mit dem Ort, den Sie sich ausgesucht haben, und bitten Sie um Erlaubnis, hier Ihre Rute zu benutzen.

Die Energie eines Ortes fragen Sie so ab wie für Ley-Lines beschrieben. Ein Energiezentrum zeigt sich entweder als Spirale oder als eine Reihe von geraden Linien, die wie die Speichen eines Rads von einem zentralen Punkt ausgehen. Haben Sie das Glück, dass sich ein Steinkreis, Dolmen oder Menhir in Ihrer Umgebung befindet, so untersuchen Sie auch einmal die Energien entlang der Steine und die Steine selbst. Sie können auch die Energiewerte, z. B. in Bovis-Einheiten, abfragen.

Wie die Ley-Lines hat auch jedes Energiezentrum und jeder Kraftort seine ganz eigene Schwingung und Signatur. Lernen Sie, diese auch ohne Rute wahrzunehmen und zu unterscheiden, so wird dies Ihr Leben unglaublich bereichern.

Kirchen und Kathedralen

In einen Sakralbau wie den Kölner Dom oder eine der französischen Notre Dames einzutreten, ist ein besonderes Erlebnis. Die Baumeister des Mittelalters, oftmals noch von den Tempelrittern beeinflusst, wussten, was sie taten, als sie die Erhabenheit Gottes im Stein spürbar machten. Die Wirkung dieser Kathedralen (Dome oder Münster), aber auch anderer Kirchen speist sich nicht nur daraus, dass viele von ihnen auf besonderen Plätzen errichtet wurden. Ihre gesamte Architektur, die Wahl der Steine, die Ausrichtung nach Himmelsrichtung, der Aufbau von der Krypta bis zum höchsten Turm, die Heilige Geometrie, die in sämtlichen Details angewendet wurde, haben das Ziel, die Energien des Ortes, der andachtsvollen Menschen und des Rituals miteinander in Resonanz zu bringen.

Alte Kirchen sind meist ungefähr nach Osten ausgerichtet und weisen entlang ihrer zentralen Achse eine Reizzone auf. Teilweise ist der Grundriss Unregelmäßigkeiten in der Reizzone angepasst. Dabei findet sich oftmals eine drückende, unangenehme Energie im Eingangsbereich der Kirche, während die Zone der höchsten und erhebendsten Energie im Altarbereich liegt. Die psychologische Wirkung auf die Gläubigen war genauso gut durchdacht wie heute die Laufwege im Supermarkt. In der modernen Zeit ist dieses Verständnis von Energien weitgehend verloren gegangen. Dem passionierten Rutengänger bieten Kirchen, alt wie neu, trotzdem eine Fülle von Informationen.

Vorgehen:
Messen Sie mit der Rute die Energien an verschiedenen Punkten einer Kirche Ihrer Wahl. Fragen Sie die Bovis-Werte ab, oder lassen Sie sich durch Rechts- oder Linkskreisen die Qualität der Energien anzeigen. Notieren Sie die Werte bzw. die Antwort der Rute, sodass Sie den Fluss der Energie nachvollziehen können. Vergessen Sie nicht, dass auch die Emotionen und die Eigenschwingungen der Menschen den Ort beeinflussen. Vielleicht ist die Kirche neu, aber die Gemeinde besonders fromm.

Beispiele für Fragen, die Sie stellen können:

»Ist hier der Ort mit der höchsten Energie in dieser Kirche?«

»Befindet sich hier ein Energiezentrum? Ein Kreuzungspunkt? Ein Ley-Centre?«

»Fließt die Energie in diese Richtung?«

»Wie viel der gemessenen Energie ist auf den Ort zurückzuführen? Auf das Gebäude und seine Bauweise? Auf menschliche Energien?«

Beachten Sie, dass es in Bezug auf die Kraft eines Ortes keine objektive Wahrheit gibt. Jeder Mensch bringt seine eigenen Schwingungen mit, sein eigenes Energiefeld und seinen eigenen Glauben und reagiert auf Reize jeweils ein wenig anders. Die heiligste Stätte des einen muss nicht diejenige des anderen sein. Sie tun also gut daran, sich nicht zu vergleichen, sondern ganz bei sich und in Ihrer Gewissheit und Wahrheit zu bleiben.

BOVIS-WERTE VERSCHIEDENDER ORTE

1600 BE	Keine Lebenskraft
2000 BE	Kreuzungen, Störzonen
5960 BE	Normales Leitungswasser
6500 BE	Mittelwert für physische Energie des Menschen in Europa
6000–7000 BE	Störungsfreie Zone
11 000 BE	Tempel des Echnaton, Standort des Priesters
13 000–14 000 BE	Moschee, in der gebetet wird
14 000 BE	Tibetische Klöster
17 500 BE	Thron Karls des Großen
18 000 BE	Labyrinth von Chartres
16 000–20 000 BE	Felsen von Naguane in Capo de Pinte
23 000 BE	Lichtwasser von Fatima
26 000 BE	Lichtwasser von Lourdes
42 000 BE	Mykerniospyramide
70 000 BE	Chephrenpyramide im Inneren
170 000 BE	Königskammer der Cheopspyramide

NACHWORT

Wenn Sie sich durch dieses Buch gearbeitet und die eine oder andere Übung ausprobiert haben, dann haben Sie sicher festgestellt, dass jedes einzelne Anwendungsgebiet, das hier kurz angerissen wurde, ein eigenes Buch füllen könnte. Hoffentlich wurde also Ihr Interesse geweckt, sich mit einem Gebiet ausführlicher zu beschäftigen. Vielleicht haben Sie schon Ihre Nische entdeckt.

Kein Buch, und sei es auch noch so fundiert, kann Ihre eigene Erfahrung ersetzen. Erkunden Sie, wohin es Sie zieht, und vertrauen Sie Ihrer Intuition. Alles ist wahr. Was funktioniert, ist richtig.

Ihr *MARKUS SCHIRNER*

LITERATUR

Andrews, Ted: Kleines Lehrbuch für Heiler. Goldmann, München, 3. Aufl. 2006

Bird, Christopher: The Divining Hand. Whitford Press/Schiffer Publishing, Atglen (USA), 1993

Brown, Elisabeth: Dowsing. Hay House, London (UK), 2010

Frieling, Heinrich: Mensch und Farbe. Heyne, München, 1972

Hartmann, Manfred: Praxisbuch der Einhandrute. Schirner, Darmstadt, 4. Aufl. 2006

Hürlimann, Gertrud: Rute und Pendel. Oesch, Zürich (CH), 5. überarbeitete Aufl. 2003

Hülpüsch, Andrea & Kühn, Sabine: Richig Pendeln. Schirner, Darmstadt, 2. Aufl. 2010

Miller, Hamish: The Definite Wee Book of Dowsing. Wooden Books, Glastonbury (UK), 2009

Miller, Hamish & Broadhurst, Paul: The Sun and the Serpent. Pendragon Press, Launceston (UK), 3. Aufl. 1998

Pogačnik, Marko: Schule der Geomantie. Knaur, München, 1996

Rendtorff, Ilse: Mit Wünschelruten Kraftorte und Naturwesen entdecken. Neue Erde, Saarbrücken 2002

Ruland, Jeanne: Heilige Geometrie in Aktion. Schirner, Darmstadt, 2. Aufl. 2018

Schirner, Markus: Einhandruten-Set. Schirner, Darmstadt, 1. Aufl. der überarbeiteten Auflage 2014

Schirner, Markus: Pendel-Welten. Schirner, Darmstadt, 19., überarbeitete Aufl. 2018

Sharamon, Shalila & Baginski, Bodo J.: Das Chakra-Handbuch. Windpferd, Aitrang, 38. Aufl. 1997

Underwood, Peter: The Complete Book of Dowsing and Divining. Rider & Co, London (UK), 1980

Vollmer, Klausbernd: Das große Buch der Farben. Königsfurt-Urania, Krummwisch, 2009

ÜBER DEN AUTOR

Markus Schirner ist ausgebildeter Lehrer für Kinesiologie, »Brain Gym« und »Touch for Health« sowie Massagetherapeut. Zu seinen weiteren Spezialgebieten zählen die Aroma- und Kräuterkunde, Meditations- und Atemtherapie sowie die buddhistische Philosophie. Der von ihm gegründete Schirner Verlag gehört zu den wichtigsten spirituellen Verlagen Deutschlands.

www.schirner.com

HILFREICHE TESTVORLAGEN

PROZENTWERTE

UHRZEITEN

STUNDEN

- 1
- 2
- 3
- 4
- 5
- 6
- 7
- 8
- 9
- 10
- 11
- 12
- 13
- 14
- 15
- 16
- 17
- 18
- 19
- 20
- 21
- 22
- 23
- 24

TAGE

- 1
- 2
- 3
- 4
- 5
- 6
- 7

TAGESZEIT

- Nacht
- Morgen
- Vormittag
- Mittag
- Nachmittag
- Abend

JAHRESZEIT

- Frühling
- Sommer
- Herbst
- Winter

KÖRPERZONEN

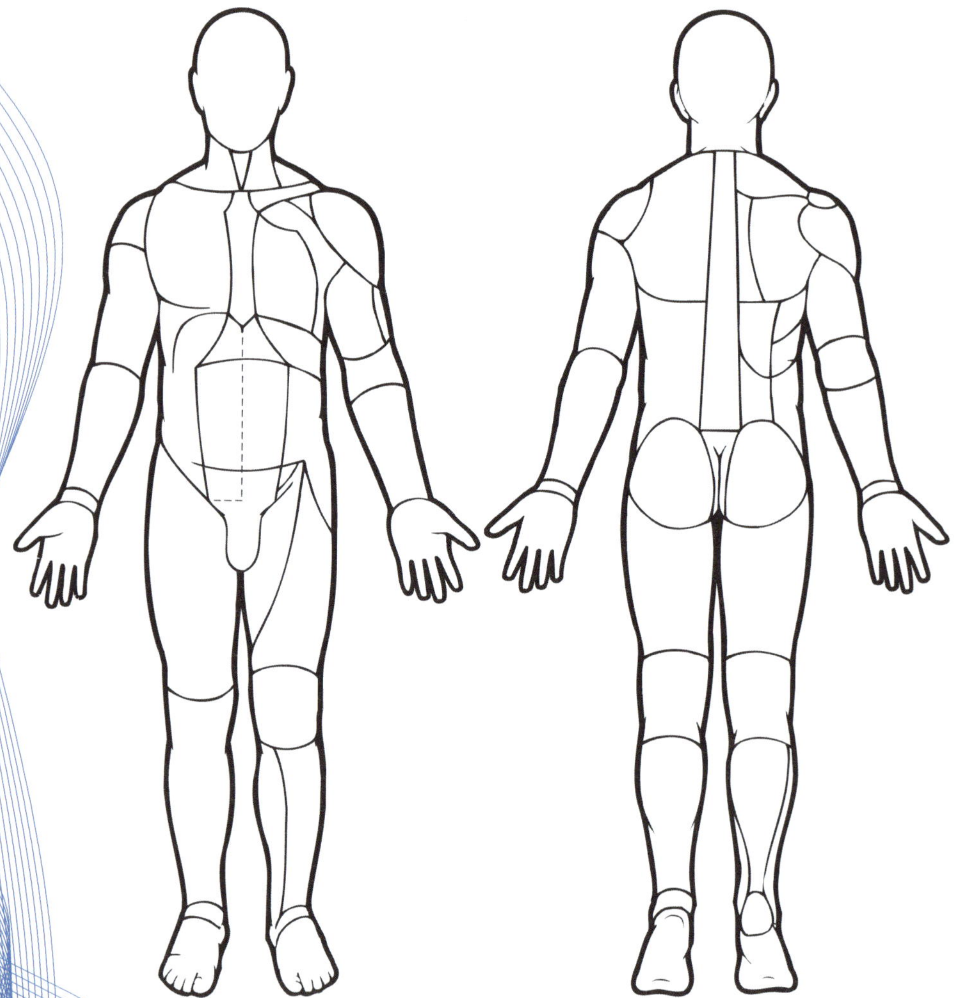

Rat in allen LEBENSLAGEN im EINKLANG mit sich, der Natur und dem Kosmos

PENDEL-WELTEN
Das große Arbeitsbuch für Anfänger und Fortgeschrittene

Die vielfältigen Tafeln in diesem Buch bieten praktische Übersichten zu Themen von Chakras und Farben über Heilsteine und ätherische Öle bis hin zu Tarot und Krafttieren.

96 Seiten
ISBN 978-3-8434-0334-4

DIE GOLDENEN REGELN
Weisheiten und Werte für ein zufriedenes und erfolgreiches Leben

Markus Schirner beschäftigt sich seit vielen Jahren mit verschiedenen philosophischen und psychologischen Richtungen. Hier hat er die entscheidenden Ratschläge zusammengetragen, die Sie ans Ziel bringen.

Set mit Anleitung und 40 Karten
ISBN 978-3-8434-9151-8

ERSTE-HILFE-PUNKTE
Selbstheilungskräfte aktivieren und Alltagsbeschwerden lindern

Akupressur ist eine traditionelle Methode, die Bewegung in blockierte Energien bringt und Heilung bewirken kann. Mit anschaulichen Illustrationen und exakten Beschreibungen.

Set mit Anleitung und 41 Karten
ISBN 978-3-8434-9174-7

PENDEL-SET

Über 300 000 Mal verkaufter Klassiker mit Kurzanleitung, den wichtigsten Pendeltafeln und inklusive einem hochwertigen Messing-Pendel zum Sofort-Loslegen.

44 Seiten
ISBN 978-3-8434-1103-5

ATEMTECHNIKEN
Atemübungen zur Selbstheilung, Verjüngung und Harmonisierung

Die praktischen Arbeitskarten erklären Ihnen Ausführung und Wirkung von 40 einfachen, aber äußerst wirksamen Atemtechniken zum Entspannen, zur Bewusstseinserhöhung oder zur Selbstheilung.

Set mit Anleitung und 40 Karten
ISBN 978-3-8434-9143-3

MEDITATIONSTECHNIKEN
Wege zu innerer Ruhe, Ausgeglichenheit, Selbsterkenntnis, Reflexion und Resilienz

Dieses Kartenset bietet Ihnen einen leicht verständlichen Einstieg in die gängigsten Meditationsarten: Konzentration auf den Atem oder den Körper, Meditationen zum Loslassen, zum Energietanken …

Set mit Anleitung und 40 Karten
ISBN 978-3-8434-9160-0

Mehr von Markus Schirner

LEITFADEN RÄUCHERN MIT HARZEN, KRÄUTERN UND HÖLZERN
Die besten Praxis-Tipps für Einsteiger

Räucherexperte Markus Schirner kennt die Fragen von Anfängern aus der täglichen Praxis und gibt Ihnen einen Leitfaden zum Einstieg an die Hand. Mit großem Räucherstoffe-Lexikon.

192 Seiten
ISBN 978-3-8434-1517-0

ÄTHERISCHE ÖLE ANWENDEN
Über 200 Essenzen für die Aromatherapie

Der erfahrene Experte für Aromatherapie Markus Schirner stellt in diesem übersichtlich gegliederten und opulent bebilderten Nachschlagewerk über 200 der wertvollen Essenzen vor.

296 Seiten
ISBN 978-3-8434-1526-2

BILDNACHWEIS

Bilder von der Bilddatenbank www.shutterstock.com:
Hintergrund- und Schmuckelemente: # 1927770767 (© supakritleela), # 563408506 (© LALArte)
S. 4, 5: # 569923723 (© Nikki Zalewski), S. 6: # 1405423262 (© Triff), S. 11: # 1176040615 (© Evgeny Haritonov), S. 12: # 1229153638 (© Blossom Winchester), S. 14: # 571500931 (© Katja El Sol), S. 17 unten: # 2053092422 (© Fit Ztudio), oben: # 226039468 (© Song_about_summer), S. 18: # 722422777 (© Leszek Glasner), S. 24: # 212981179 (© Nikolay Litov), S. 27: # 2080848328 (© FotoHelin), S. 28, 29: # 1856353006 (© Monika Wisniewska), S. 34 oben: # 2165256273 (© gpwlsl302), unten: # 257628367 (© Vitaly Zorkin), S. 35: # 2118852803 (© Andrey_Popov), S. 36: # 447902587 (© DeoSum), S. 37: # 1168103362 (© Natali _ Mis), S. 38: # 2031475334 (© ViDI Studio), S. 41: # 2360060875 (© Pormezz), S. 42: # 310070087 (© 5 second Studio), S. 44: # 2318069501 (© BONDART PHOTOGRAPHY), S. 47 oben: # 1931045282 (© Bagel Studio), unten: # 1994705126 (© Svetolk), S. 48: # 2242390181 (© tilialucida), S. 51: # 2415429387 (© anatoliy_gleb), S. 53: # 398630869 (© Sergey Nivens), S. 58: # 1931899625 (© Chepko Danil Vitalevich), S. 63: # 2009876642 (© Nikki Zalewski), S. 64 rechts: # 41543254 (© VALUA VITALY), S. 65: # 772072024 (© KONSTANTIN_SHISHKIN), S. 66: # 1678702852 (© Tatevosian Yana), S. 68: # 368965931 (© Jacob_09), S. 72: # 2127917810 (© jittawit21), S. 75 rechts: # 409945168 (© sakkmesterke), S. 76: # 1977561722 (© KingVector), S. 76, 77: # 2204818355 (© Romuald_KL), S. 77: # 2204818355 (© Ozant), S. 78: # 1886147845 (© LedyX), S. 80: # 308044361 (© krstrbrt), S. 81: # 2035101980 (© DifferR), S. 82, 83: # 1290489904 (© Samakai), S. 85: # 1270585756 (© Roger Driscoll), S. 87: # 682608802 (© Sergey Nivens), S. 88, 89: # 1836065551 (© Alexey Fedorenko), S. 91: # 2028371063 (© AlexAnton), S. 92: # 1157820505 (© MO Photo), S. 94 oben: # 2286146243 (© Cali6ro), unten: # 1719717589 (© Kumpeh_Studio)

Fotos und Grafiken S. 21, 22, 25, 30, 32, 47, 52, 54, 56, 57, 61, 62, 64 links, 67, 75 links, 94 rechts © Schirner Verlag